JN094162

サクサクわかる！株主対策の税務

公認会計士・税理士
佐藤信祐
著

清文社

はじめに

　資本戦略や事業承継において、株主対策をどのように行うのかという点は非常に重要です。そして、平成18年度に会社法が施行されたことにより、平成17年改正前商法の時代とは、株主対策における法務・税務が大きく変わり、令和3年3月1日から施行された改正会社法では、株式交付の制度が導入されることになりました。

　株主対策の税務を理解するためには、株主対策の法務についての理解が必要になります。しかしながら、株主対策の法務に関する書籍は、その取扱いについて詳細に書かれたものが多く、株主対策の税務を理解するための前段階のものとしては、やや難易度が高すぎるという問題があります。

　そして、資本戦略の多様化や事業承継のニーズの高まりにより、株主対策の税務に関する業務が増えており、それに関与する専門家も増えたように思います。その結果、平成18年度に会社法が施行された時点では、手探りの状態で行われていた株主対策の税務についても、実務が積み重ねられるとともに体系化されたため、それほど難易度の高い業務ではなくなりつつあります。

　このように、株主対策の税務に関する業務が一般化したことから、分かりやすく株主対策の税務を解説した書籍が必要であると感じていましたが、そもそものレベル設定が難しいという課題がありました。そのような中で、「税理士試験の簿記または財務諸表論に合格し、法人税法の受験勉強をこれからやろうと思っている受験生が理解できる水準」を想定したうえで、『サクサクわかる！ 超入門 中小企業再編の税務』『サクサクわかる！ 超入門 合併の税務』『サクサクわかる！ M&Aの税務』を出版しました。

　これらの書籍を出版する中で、同様の水準により株主対策の税務について解説した書籍を出版できるのではないかと考え、本書の出版に至りました。なお、実務上、組織再編税制と異なり、株主対策の税務に関する論点は限られていることから、本書は、株主対策の税務の入門書ではなく国内完結型の株主対策の税務を概ね網羅した内容としています。そのため、公認会計士、税理士等の税務専門家以外にも、企業経営者、金融機関、弁護士、一般企業内の経理担当者の方々に対しても参考になるはずです。

　本書は、令和3年4月1日時点で公表されている本法、施行令および施行規則をもとに解釈できる範囲内での私見により編集しました。

　最後になりましたが、本書を企画時から刊行まで担当してくださった清文社の杉山七恵氏に感謝を申し上げます。

　令和3年4月

公認会計士　佐藤 信祐
税　理　士

サクサクわかる！
株主対策の税務
CONTENTS

第 **17** 章　　今までお世話になりました　　126
〜スクイーズアウト〜

第 **18** 章　　持株会社は必要なの？　　132
〜株式移転〜

第 **23** 章　別々にやっていきましょう　164
　　　　　～共同経営の解消～

第 **24** 章　議決権は渡さない　170
　　　　　～属人的株式、民事信託～

【凡　例】

法人税法⋯⋯⋯⋯⋯⋯⋯⋯⋯⋯⋯⋯⋯⋯⋯⋯⋯⋯⋯⋯⋯⋯法法

法人税法施行令⋯⋯⋯⋯⋯⋯⋯⋯⋯⋯⋯⋯⋯⋯⋯⋯⋯⋯法令

法人税法施行規則⋯⋯⋯⋯⋯⋯⋯⋯⋯⋯⋯⋯⋯⋯⋯⋯法規

法人税基本通達⋯⋯⋯⋯⋯⋯⋯⋯⋯⋯⋯⋯⋯⋯⋯⋯⋯法基通

所得税法⋯⋯⋯⋯⋯⋯⋯⋯⋯⋯⋯⋯⋯⋯⋯⋯⋯⋯⋯⋯⋯所法

所得税法施行令⋯⋯⋯⋯⋯⋯⋯⋯⋯⋯⋯⋯⋯⋯⋯⋯⋯所令

相続税法⋯⋯⋯⋯⋯⋯⋯⋯⋯⋯⋯⋯⋯⋯⋯⋯⋯⋯⋯⋯⋯相法

相続税法基本通達⋯⋯⋯⋯⋯⋯⋯⋯⋯⋯⋯⋯⋯⋯⋯相基通

財産評価基本通達⋯⋯⋯⋯⋯⋯⋯⋯⋯⋯⋯⋯⋯⋯⋯財基通

消費税法⋯⋯⋯⋯⋯⋯⋯⋯⋯⋯⋯⋯⋯⋯⋯⋯⋯⋯⋯⋯⋯消法

消費税法施行令⋯⋯⋯⋯⋯⋯⋯⋯⋯⋯⋯⋯⋯⋯⋯⋯⋯消令

消費税法基本通達⋯⋯⋯⋯⋯⋯⋯⋯⋯⋯⋯⋯⋯⋯⋯消基通

印紙税法⋯⋯⋯⋯⋯⋯⋯⋯⋯⋯⋯⋯⋯⋯⋯⋯⋯⋯⋯⋯⋯印法

登録免許税法⋯⋯⋯⋯⋯⋯⋯⋯⋯⋯⋯⋯⋯⋯⋯⋯⋯⋯登免法

租税特別措置法⋯⋯⋯⋯⋯⋯⋯⋯⋯⋯⋯⋯⋯⋯⋯⋯⋯措法

租税特別措置法施行令⋯⋯⋯⋯⋯⋯⋯⋯⋯⋯⋯⋯措令

地方税法⋯⋯⋯⋯⋯⋯⋯⋯⋯⋯⋯⋯⋯⋯⋯⋯⋯⋯⋯⋯⋯地法

地方税法施行令⋯⋯⋯⋯⋯⋯⋯⋯⋯⋯⋯⋯⋯⋯⋯⋯⋯地令

地方税法施行規則⋯⋯⋯⋯⋯⋯⋯⋯⋯⋯⋯⋯⋯⋯⋯地規

会社法⋯⋯⋯⋯⋯⋯⋯⋯⋯⋯⋯⋯⋯⋯⋯⋯⋯⋯⋯⋯⋯⋯会法

会社法施行規則⋯⋯⋯⋯⋯⋯⋯⋯⋯⋯⋯⋯⋯⋯⋯⋯⋯会規

会社計算規則⋯⋯⋯⋯⋯⋯⋯⋯⋯⋯⋯⋯⋯⋯⋯⋯⋯⋯計規

企業結合に関する会計基準⋯⋯⋯⋯⋯⋯⋯⋯⋯⋯結合基準

企業結合会計基準及び事業分離等会計基準に関する適用指針⋯⋯⋯結合指針

●本書の記述は、令和3年4月1日現在の法令等に依ります。

登 場 人 物

サトウ先生

組織再編税制を専門とする公認会計士・税理士。
コウジ、ユウタ、マヤがアルバイトする事務所を経営し、日々、企業の組織再編成に関する業務を行っている。あまりアドバイスをしない性格だが、3人が議論をしながら、何とか答えを出そうとしている様子を見守っている。

コウジ

在学中に司法試験に合格した大学生。
言葉の響きから M&A に興味を持ち、将来は大手法律事務所でM＆Aを専門とする仕事をしたいと思っている。言葉の響きで人生を決めてしまうくらいには、向こう見ずな性格だが、やると決めたことは最後までやり切る熱いハートを持っているという一面もある。好きな言葉は、猪突猛進。

ユウタ

コウジと同じ大学に通う大学生。
公認会計士を目指している。趣味は、海外旅行。公認会計士試験合格後に、世界一周を計画しており、旅費を稼ぐためにサトウ先生の事務所でアルバイトをしている。コウジとは幼い時からの友人だが、コウジとは対照的にいつでも冷静。好きな言葉は、一期一会。

マヤ

税理士を目指している大学院生。
学費を稼ぐためにサトウ先生の事務所でアルバイトをしている。とても明るい性格であり、事務所では、お姉さん的なキャラクターで親しまれている。好きな言葉は、なんくるないさ。

※本書における登場人物、団体名等は、すべて架空のものであり、実在の人物、団体とは関係がありません。

第 1 章

株主って何だろう?
～株主としての権利と義務～

ユウタ

会計士試験のために会社法を勉強しているんだけど、株主と資本のところが難しくて苦労しているんだ。
そもそも、株主にはどんな権利が与えられているんだろう?

コウジ

株主の権利にはいろいろあるけど、大きく分けて、自益権と共益権があるんだよ。
自益権は剰余金の配当や残余財産の分配を受ける権利、共益権は株主総会で議決権を行使する権利が一般的だけど、ほかにも細かい権利がたくさんあって、なかなか全部は覚えられないよ。

マヤ

でも、権利があるってことは、義務もあるってことだよね。オーナー企業だったら、オーナーがすべての義務を負っても仕方がないと思うんだけど、上場企業で株主に義務があるといっても、あれだけたくさんの株主がいるんだから、そんなにたくさんの義務は課せられないんじゃないかな?

サトウ先生

皆さんは、株主にはどのような権利と義務があるのか知っていますか?
コウジの言うように、株主の権利には自益権と共益権があります。
自益権には、剰余金の配当や残余財産の分配を受ける権利のほか、株式買取請求権、株主名簿の名義書換請求権などが挙げられます。そして、共益権には、株主総会の議決権のほか、取締役の違法行為の差止請求権、会計帳簿の閲覧請求権などが挙げられます。
マヤの指摘は鋭いですね。第25章で解説する合名会社、合資会社と異なり、株式会社においては、株主有限責任の原則が定められていることから、出資の範囲のみで有限責任が課されています。

1 概 要

　会社法上の会社には、**株式会社**と**持分会社**とがありますが、いずれも**営利社団法人**であるという点が共通しています。このうち、「**社団**」とは、同じ目的を有する人の集まりのことをいい、社団の構成員のことを「**社員**」といいます。そして、我が国の会社法では、出資者を社員として取り扱っています[*1]。

　なお、会社法上、持分会社に対する出資者については「**社員**」と表記されていますが、株式会社に対する出資者については「**株主**」と表記されています。特に断書きがない限り、第25章以外の章では、株式会社を前提にしているという点にご留意ください。

　株式会社において、出資者である株主には様々な権利が与えられています。このような権利のことを「**株式**」といいます[*2]。そして、株主の権利には様々なものがありますが、コウジの言うように、自益権と共益権に大きく分けられます。**自益権**と**共益権**には様々なものがありますが、会社法105条1項において、株主の基本的な権利として、以下のものが定められているため、まずは、この3つの権利をきちんと理解しておきましょう。

①　**剰余金の配当を受ける権利**
②　**残余財産の分配を受ける権利**
③　**株主総会における議決権**

＊1　久保田安彦「第2章 社員と会社員はどう違う?」柳明昌編『プレステップ会社法』19頁(弘文堂、平成31年)。
＊2　久保田前掲(注1)21頁。なお、株式について、「株主が会社との間で有する法律関係の総体」「株主としての資格・地位」と説明されることがありますが、株主にとっては、いったん出資した後は責任を負わされることはないため、上記のような説明であっても、実質的には変わりません(久保田前掲(注1)21-22頁)。

コウジ

　剰余金の配当を受ける権利と残余財産の分配を受ける権利は自益権に分類されて、株主総会における議決権は共益権に分類されるんだね。

考えてみよう

第24章で解説するように、会社法109条2項では、公開会社でない株式会社は、上記の3つの権利について、株主ごとに異なる取扱いを行う旨を定款で定めることが認められています。これに対し、同法105条2項では、上記①②に掲げる権利の全部を与えない旨の定款の定めは、その効力を有しないことが規定されています。

それでは、1株当たり1円のみの残余財産の分配を受ける権利しか与えない定款の定めは有効なのでしょうか。

2　自益権

　自益権とは、**株主が会社から経済的利益を受けるための権利**をいい、典型的な権利として、剰余金の配当を受ける権利と残余財産の分配を受ける権利が挙げられます。

【自益権】

①　剰余金の配当を受ける権利（会法105①一、453）

②　残余財産の分配を受ける権利（会法105①二、504）

③　反対株主の株式買取請求権（会法116、469、785、797、806）

④　株主名簿の名義書換請求権（会法133）

⑤　単元未満株式の株式買取請求権（会法192）

⑥　単元未満株式の売渡請求権（会法194）　など

3　共益権

　共益権とは、株主が会社経営に関与する権利をいい、典型的な権利として、株主総会における議決権が挙げられます。共益権には、**単独株主権**[*3]と**少数株主権**[*4]があります。

*3　1株でも有していれば単独で行使できる権利をいいます。

*4　発行済株式総数の一定割合以上または総議決権の一定割合以上もしくは一定数以上を有する株主のみが行使できる権利をいいます。

【単独株主権としての共益権】

①　株主総会における議決権（会法308）

②　株主総会における説明請求権（会法314）

③　株主総会決議取消訴権（会法831）

④　代表訴訟提起権（会法847）

⑤　取締役等に対する違法行為差止請求権（会法360）

⑥　募集株式発行差止請求権（会法210）

⑦　新株予約権発行差止請求権（会法247）

⑧　設立無効訴権（会法828①一）

⑨　新株発行無効訴権（会法828①二）

⑩　組織再編行為に係る無効訴権（会法828①七〜十二）

⑪　書類記録等閲覧請求権（会法31②、125②、318④、371②、442③）　など

【少数株主権としての共益権】

①　株主総会招集権（会法297）

②　株主提案権（会法303〜305）

③　総会検査役選任請求権（会法306①）

④　検査役選任請求権（会法358①）

⑤　帳簿閲覧権（会法433）[*5]

⑥　会社解散請求権（会法833①）

⑦　取締役・監査役等解任請求権（会法854）

*5　帳簿閲覧権は、総株主（株主総会において決議をすることができる事項の全部につき議決権を行使することができない株主を除きます。）の議決権の100分の3（これを下回る割合を定款で定めた場合にあっては、その割合）以上の議決権を有する株主または発行済株式（自己株式を除きます。）の100分の3（これを下回る割合を定款で定めた場合にあっては、その割合）以上の数の株式を有する株主に対して与えられています。

少数株主にもたくさんの権利が与えられているんだね。支配株主からすると、どのようなことに気を付ければいいのかしら。

少数株主権として様々な権利が与えられていますが、会社解散請求権も取締役・監査役等解任請求権もよほどのことがない限り認められませんし、株主提案権が行使されても否決することができるため、一般的には、帳簿閲覧請求権が最も議論になりやすいと思います。

競業者である少数株主が帳簿閲覧権を行使した場合には、会社に損害が生じる恐れがあるため、会社法433条2項3号では、競争関係にある事業を営む者による帳簿閲覧請求権を拒否することが認められています。

逆に言えば、競業者に閲覧されると損害が生じかねないほどの重要な情報が帳簿閲覧権の対象になっているといえます。

4 株主の義務

　会社法104条では、株主の責任は、その有する株式の引受価額を限度とすることが定められています。株式の引受価額に相当する金銭または金銭以外の財産を支払わないと株主になれないことから、株主にとってはすでに株主としての責任を履行しており、追加的な責任を負う必要はないということがいえます。

　このように、株主の責任が、株式の引受価額を限度とされているという点につき、**株主有限責任の原則**といいます。

5 株主平等の原則

　会社法109条1項において、株式会社は、株主を、その有する株式の内容および数に応じて、平等に取り扱わなければならないことが規定されています。これを、**株主平等の原則**といいます。

　ただし、同条2項および3項において、株主平等の原則の例外として、種類株式（第15章参照）や属人的定め（第24章参照）について規定されています。

6 株主名簿

　株主名簿とは、以下に関する事項を記載または記録するために、株式会社に作成が義務付けられた帳簿のことをいいます（会法121）。

① 　株主の氏名または名称および住所
② 　株主の有する株式の数（種類株式発行会社にあっては、株式の種類および種類ごとの数）
③ 　株式を取得した日
④ 　株式会社が株券発行会社である場合には、株券の番号

会社法130条1項において、株式の譲渡は、その株式を取得した者の氏名または名称および住所を株主名簿に記載し、または記録しなければ、株式会社その他の第三者に対抗することができないことが規定されています。このように、株式の取得者が株主としての権利を行使するためには、**株主名簿の名義書換**が必要になります。そのため、株式の取得者に対しては、株主名簿の名義書換請求権が認められています（会法133）。

7　おわりに

本章で解説したように、株主に対しては、様々な権利が与えられています。そして、その最も基本的な権利として、①剰余金の配当を受ける権利、②残余財産の分配を受ける権利、③株主総会における議決権が挙げられます。

資本戦略や事業承継においては、これらの権利が誰にどのくらい与えられているのかという点が重要になることが多いため、注意しましょう。

CHALLENGE!

種類株式や属人的定めがある場合を除き、株主に対して与えられる株主総会における議決権は、1株につき1個の議決権であることが原則です（会法308）。

それでは、支配株主からすると、株主総会を支配するために、どれだけの株式を有しておく必要があるのでしょうか。

第2章

株券の発行は面倒だ
～株券の法的意義と不発行にするための手続き～

コウジ

田中社長が株式移転で持株会社を設立したいと言っていたよ。持株会社の下で事業会社を並列化させたいんだって。ほかの組織再編成だと、公告のために時間がかかるけど、株式移転の場合には、債権者異議手続きがいらないから、持株会社を設立するのに1か月もかからないよね（第18章参照）。

マヤ

でも、債権者異議手続きがいらなくても、株券提供手続きは必要になるよね。株券を発行していなければ株券提供手続きもいらないけど、たしか田中商事は株券を発行していたと思うんだけど？

ユウタ

念のため、登記簿謄本を調べて、株券を発行していたかどうか確認したほうがいいのかもしれないね。ほかの案件でも不思議だったんだけど、実際に株券があるかどうかは別として、株券を発行している会社は多いみたいなんだよ。なんで株券なんか発行しているんだろう？

サトウ先生

皆さんは、株券とはどういうものなのか知っていますか？
株券とは、株主としての地位を表章する有価証券のことをいいます。平成17年改正前商法では、株券発行会社が原則であったことから、株券発行会社のままになっている会社は少なくありません。
株券を発行していると、組織再編成を行う際に、株券提供手続きが必要になります。株式移転の場合には、債権者異議手続きが不要なので、株券提供手続きも不要であれば、公告がいらなくなることから、コウジの言うように、株式移転の手続きは1か月もかかりません。
そうなると、ユウタの言うように、株券発行会社かどうかを確認する必要があります。実務においても、株券発行会社から株券不発行会社に変更したいというニーズは少なくありません。

1 概 要

　株券は、**株主としての地位を表章する有価証券**のことをいいます。平成17年改正前商法では、株券を発行することが原則であり、例外的に、定款に株券を発行しない旨を定めた場合に限り、株券不発行会社となることができました[1]。

　株券を発行した場合には、株券を交付することにより株式を譲渡することができ（会法128①）、かつ、**株券の占有者を株主と推定することができます**（会法131①）[2]。すなわち、円滑な株式譲渡が可能になることから、株式の流通性を高めることができるため、投資家を集めやすくなるというメリットがありました。

　しかしながら、電子化が進んだ現在では、上場会社においては、**株式振替制度**[3] が採用され、株式の譲渡が頻繁に行われない非上場会社においては、そもそも株券が不要であるということもいえます。

　そのため、現行会社法においては、株券不発行会社を原則とし、定款において株券を発行する旨を定めた会社のみが株券を発行することになりました（会法214）。

　ただし、平成17年改正前商法において、**株券発行会社であった株式会社は、そのまま株券発行会社になることになった**ため、現在においても、株券発行会社である株式会社が多数存在します（会社法の施行に伴う関係法律の整備等に関する法律76④）。

　監査法人で働いている先輩が、「株券を見たことがない」と言っていたよ。株券を発行している会社のほとんどは、平成17年までに設立された非上場会社ってことになるのかな？

*1　平成16年改正前商法では、すべての株式会社において株券を発行する必要がありました。そのため、平成16年までに設立された非上場会社では、株券を発行していることが多いと思われます。

*2　ただし、株主としての権利を行使するためには、株主名簿の名義書換えが必要になります（会法130）。

*3　株券を発行せずに、口座間の振替により株式を譲渡する制度のことをいいます。

2 株券の発行

　株券発行会社は、株券を発行することが原則ですが（会法215①）、公開会社でない株券発行会社については、株主から請求がある時までは、株券を発行する必要がありません（会法215④）。そのため、株券を発行したことがない非上場会社も少なくありません。

また、株券を発行すると紛失・盗難のリスクが高まるため、株券不所持制度[4]、株券失効制度[5]が設けられています。

＊4　株券の所持を希望しない旨を株主から申し出る制度のことをいいます（会法217）。
＊5　株券を喪失した者が株券喪失登録簿に登録を申請する制度のことをいいます（会法223）。

> 株券発行会社であっても、株券を発行していないこともあるのか。株券発行会社になるメリットはほとんどないのかもしれないね。

3　株券不発行会社への移行

マヤの言うように、株券発行会社のメリットはほとんどないのかもしれません。実務においても、株券発行会社から株券不発行会社に変更したいというニーズが少なくありません。具体的な手続きは以下のとおりです。

(1) 原則的な取扱い

株券発行会社が株券不発行会社になるためには、定款変更が必要になることから、株主総会を開催し、株券発行の定めを廃止するための特別決議が必要になります（会法466、309②十一）。そして、**定款の変更の効力が生じる日の2週間前までに、次に掲げる事項を公告**し、かつ、株主に通知する必要があります（会法218①）。

① 株券を発行する旨の定款の定めを廃止すること
② 定款の変更がその効力を生ずる日
③ 株券が無効になること

(2) 株式の全部について株券を発行していない場合

ただし、株式の全部について株券を発行していない場合には、**定款の変更の効力が生じる日の2週間前までに、次に掲げる事項を株主に通知または公告**すれば足りるため（会法218③④）、**通知と公告の両方をする必要はありません**。

① 株券を発行する旨の定款の定めを廃止すること
② 定款の変更がその効力を生ずる日

考えてみよう

株券不発行会社への移行にあたり、株券提供手続きは定められていません。そのため、株主から株券を提出させる必要はありませんが、株券不発行会社へ移行したことを知らない者が株券発行会社と誤認して株券を購入してしまうトラブルが考えられます。

そのため、実務上は、上記の通知の際に任意の提出を求めるケースがあります[6]。

*6　牧野達治也「第218条」江頭憲治郎・中村直人編『論点体系 会社法 2 株式会社 II』185頁（第一法規、平成24年）。

（3）変更登記

　株券不発行会社になった場合には、その旨の**変更登記**が必要になります（会法915）。

コウジ

　昔の商法だと、株券を発行する必要があったみたいだから、通知と公告の両方をやらなければならない事案も多いのかもしれないね。

4　おわりに

　本章で解説したように、非上場会社の多くは株券発行会社ですが、株券発行会社であるメリットはほとんどないため、株券不発行会社に移行したいというニーズは少なくありません。

　組織再編成や事業承継を検討する際には、株券発行会社であるかどうかを確認する必要があることも多いため、注意しましょう。

*7　株券発行会社に対して株主が保有する株券を提出しなければならない旨の公告および通知をする手続きをいいます（会法219①）。

C HALLENGE!

マヤの言うように、株券発行会社が株式移転を行う場合には、株券提供手続き[7]が必要になります。それでは、株式の全部について株券を発行していない場合にも株券提供手続きが必要になるのでしょうか。考えてみましょう。

第**3**章 こいつに売ったらだめですよ
～譲渡制限に関する定め～

マヤ

木村部長が「保有している山田商事の株式をすべて売りたい」と言ってきたよ。もう、山田社長の方針には従えないから、保有している株式を全部売りたいみたい。山田社長からすると、配当還元法で買い戻したいらしいんだけど、そんな安い値段で買い戻すことなんかできるのかな？

ユウタ

他に買取先がないのなら、お互いの交渉だから配当還元法でも問題なさそうだけど、どうやら木村部長の株式を買い取りたい人がいるらしいんだよ。山田社長からすると、どうしてもその人に株主になってもらいたくないから、少しくらい高い値段でも仕方がないのかもしれないね。

コウジ

そういえば、山田商事の株式には譲渡制限が付されていたよね。買取人を指定することはできるから、山田社長が買い取ることに問題はないんだろうけど、売買価格はどうやって決めるんだろう？

サトウ
先生

皆さんは、譲渡制限株式とはどのようなものか知っていますか？
コウジの言うように、株主総会または取締役会の承認がないと株式を譲渡することができない旨を定めることができるので（会法139①）、木村部長が連れてきた人に株主になってもらいたくない場合には、買取人を指定することができます。
しかしながら、買取人を指定したとしても、売買価格まで指定できるわけではありません。そのため、売買価格について争いが生じることも少なくありません。
また、ユウタの言うように、お互いが合意しているのであれば、配当還元法で買い取ることができますが、租税法上の問題が生じることがあります。この点については、第10章で解説します。

1　概　要

　株主は、その有する株式を譲渡することができます（会法127）[*1]。そして、株主としての権利を行使するためには、株主名簿の名義書換えが必要になります（会法130）。

　株主からすると、株式の譲渡を行うことにより投下資本の回収をすることができるため、会社法上、非常に重要な手続きであるということがいえます。

2　譲渡制限株式

　しかしながら、株式会社の中には、小規模で閉鎖的会社が多数存在しており、勝手に株主が変わってしまうと困ることが少なくありません。そのため、会社法上、**定款**により株式に対して**譲渡制限**を付すことを認めています（会法107①一、②一、108①四、②四）[*2]。このような株式を**譲渡制限株式**といいます（会法2十七）。

　ただし、譲渡制限を付するといっても、**株主総会または取締役会の承認**がないと株主名簿の名義書換えができないだけであって（会法134、139①）、株式の譲渡そのものが禁止されているわけではありません。そのため、株主総会または取締役会の承認を得ないで行われた株式譲渡についても当事者間では有効であるため、後述するように、株式取得者による承認請求も認められています。

　さらに、勝手に株主が変わるのを防ぐ必要はあるものの、株主による投下資本を回収する権利も保障する必要があります。そのため、後述するように発行会社[*3]に対して**買取人を指定させる**か、**自己株式として買い取らせる**ことにより、株式を譲渡する機会が与えられています。

[*1]　「株式譲渡自由の原則」と表記されることがあります。

[*2]　譲渡制限株式には、定款により、株式会社が発行する全部の株式について譲渡制限を課しているものもあれば（会法107①一、②一）、種類株式の内容として譲渡制限を課しているものもあります（同法108①四、②四）。

[*3]　本章では、譲渡の対象となっている株式を発行している会社を「発行会社」と表記しています。

[*4]　定款に別段の定めがある場合を除き、議決権を行使することができる株主の50％以上、かつ、当該株主の議決権の3分の2以上による決議をいいます（会法309③一）。

[*5]　定款に別段の定めがある場合を除き、議決権を行使することができる種類株主の過半数、かつ、当該種類株主の議決権の3分の2以上による種類株主総会の決議をいいます（会法111②、324③一）。

設立の時に譲渡制限を付すことが一般的ですが、設立後に譲渡制限を付すことも少なくありません。

ただし、通常の定款変更と異なり、全部の株式に対して譲渡制限を付す場合には、**株主総会の特殊決議**が必要になります[4]。さらに、種類株式発行会社が種類株式に対して譲渡制限を付す場合には、**種類株主総会の特殊決議**[5]も必要になります。

いずれの場合にも、**反対株主の株式買取請求権**が認められています（会法116①一、二）。

3 株式譲渡の手続き

譲渡制限株式の譲渡に係る手続きは、会社法136条から145条までにおいて定められています。

まず、会社法136条では、**譲渡制限株式の株主**から発行会社に対して、譲受人となる者が当該譲渡制限株式を取得することについての承認を請求できることが規定されており、同法137条1項では、**譲渡制限株式を取得した株式取得者**から発行会社に対して、当該譲渡制限株式を取得したことについて承認を請求することが規定されています[6]。

なお、実務上は、木村部長が株式を譲渡したいと言った時点で、事前に発行会社が買取人を探してくることが一般的です。もちろん、発行会社からするとそのような義務はないのですが、将来に禍根を残さないように、株式を買い取れるようにすることがほとんどです。このように、事前に発行会社が指定した者に譲渡するのであれば、上記の手続きも事務的な手続きになります。しかしながら、木村部長のように、山田商事の株式を買い取りたい者を見つけてしまっている時点で、すでに揉めている案件であることは予想できます。そのため、上記の承認をしないことから、**発行会社または指定買取人による買取り**が行われることになります（会法140）。

そして、売買価格についての**当事者間の合意**がなされた場合には、その合意された売買価格により発行会社または指定買取人が買い取ればよいのですが（会法144①）、当事者間で売買価格の合意がなされない場合には、裁判所に対して**株式売買価格の決定の申立て**をす

*6　譲渡制限株式を取得したと偽る者が現れることを防止するために、株式取得者による請求は、原則として、旧株主と共同で行うことが要求されています（会法137②）。
*7　小出一郎「第144条」江頭憲治郎・中村直人編『論点体系 会社法1 総則、株式会社Ⅰ』479頁（第一法規、平成24年）。

ることがあります（会法144②）。

　ただし、会社法上、「資産状態その他一切の事情」を考慮することとしているものの（会法144③）、「資産状態」は単なる例示に過ぎず、裁判所の裁量により様々な事情を考慮して売買価格を決定する必要があると解されています[*7]。そのため、具体的な売買価格の決定方法が定められていないことから、裁判所が決定する売買価格がどのように算定されるのかが問題になります。

　もちろん、売買価格を裁判所で争わなくても済むことも多いですが、決定されるであろう売買価格が推測できるのであれば、当事者間の合意が形成されやすくなるため、以下では、裁判所が決定する売買価格について解説します。

4　売買価格

（1）支配株主にとっての株式価値と少数株主にとっての株式価値

　非上場株式の評価を行う場合には、**支配株主にとっての株式価値と少数株主にとっての株式価値**のいずれにより評価を行うのかという問題があります。

　例えば、配当還元法は、**配当期待権**のみを有する少数株主にとっての株式価値を算定するための手法であるといわれています[*8]。

　これに対し、支配株主は、**会社の経営を支配**することにより、利益を最大限にすることができるため、少数株主よりも高い価値を有していると考えられます[*9]。

　このように、支配株主にとっての株式価値と少数株主にとっての株式価値の違いは、**会社に対する支配権の有無**から生じるということがいえます。

*8　安達和人『ビジネスバリュエーション』167-168頁（中央経済社、平成23年）、日本公認会計士協会「株式等鑑定評価マニュアル（その2）」JICPAジャーナル463号107-108頁（平成6年）。
*9　安達前掲（注8）276頁、谷山邦彦『バリュエーションの理論と応用』331-332頁（中央経済社、平成22年）。

ユウタ　だれが持っているのかによって、株式価値が変わることがあるんだね。

（2）裁判例の傾向

我が国の株式売買価格決定申立事件における最近の裁判例の傾向として、以下のように、経営権の異動に準じて取り扱うことができるか否かにより売買価格を決定しているものが多いということがいえます[10]。

●経営権の異動に準じて取り扱うことができる場合[11]

支配株主にとっての株式価値により評価を行うという裁判例が公表されています[12]。

●譲受人（指定買取人）と譲渡人の双方が少数株主である場合

少数株主にとっての株式価値により評価を行うという裁判例が公表されています[13]。

●譲受人が支配株主であり、譲渡人が少数株主である場合

支配株主にとっての株式価値と少数株主にとっての株式価値を**1対1の折衷割合**により評価を行うという裁判例が公表されています[14]。

さらに、譲渡人が支配株主と少数株主の**中間的な株主**であるとして、支配株主にとっての株式価値の折衷割合を引き上げた裁判例も公表されています[15]。

*10　小出前掲（注7）480頁では、「近時の裁判例では、売手の立場と買手の立場を区分して議論し、複数の評価手法を採用することを根拠づけようとするものが散見される。」と指摘されています。

*11　譲渡人が旧支配株主であり、譲受人が支配株主になる場合。

*12　東京高決平成20年4月4日金融・商事判例1295号49頁、福岡高決平成21年5月15日金融・商事判例1320号20頁。

*13　大阪高決平成元年3月28日判例時報1324号140頁、大阪地決平成27年7月16日金融・商事判例1478号26頁。

*14　札幌高決平成17年4月26日判例タイムズ1216号272頁、広島地決平成21年4月22日金融・商事判例1320号49頁。

*15　大阪地決平成25年1月31日金融・商事判例1417号51頁、千葉地決平成3年9月26日判例時報1412号140頁、東京地決平成26年9月26日金融・商事判例1463号44頁。

マヤ

譲渡人の立場と譲受人の立場が違うときに、どのように折衷するのかという問題があるんだね。

（3）譲受人が支配株主であり、譲渡人が少数株主である場合

実務上、譲渡制限株式の売買価格の決定が問題となるのは、譲受人が支配株主であり、譲渡人が少数株主である場合がほとんどです。このような場合に、学説上、**支配株主にとっての株式価値で評価すべきであるとする見解**[16]と、**少数株主にとっての株式価値で評価すべきとする見解**[17]があります。

これに対し、広島地決平成21年4月22日金融・商事判例1320号49頁では、「株式の売買を相対で行う場合には、通常は、いずれか一方の交渉力が他方を上回るのが一般的であるが、本件は、会社法の規定により株式の買取価格を決定するものであるから、双方対等の立場で評価すべきものであると解される」という理由により、**支配株主にとっての株式価値と少数株主にとっての株式価値を1対1の割合で折衷しています。**

このように、どのように売買価格を決定すべきかという点につき、学説と裁判例が整合していません。中長期的には、裁判例の傾向も変わってくるのかもしれませんが、今のところは、支配株主にとっての株式価値と少数株主にとっての株式価値を1対1の割合で折衷するというのが、裁判例の傾向であるという点は押さえておく必要があるでしょう。

譲渡制限株式の譲渡では、売買価格が高くなれば譲渡人が利益を得て、同額が指定買取人の負担になるという ゼロ和ゲーム が成立します。そして、売買価格決定の申立てがなされずに、譲渡人である少数株主と指定買取人である支配株主が交渉を行う場合には、両者の期待する価格の間のどこかで 落とし所 を探る必要があります。

これに対し、売買価格決定の申立てがなされた場合には、両者が対等の立場で交渉を行い、かつ、交渉力に差がないことが前提になります。そのため、1対1の割合での折衷方法は、まったく根拠がないというわけでもありません[18]。

理論的な問題はともかくとして、このような裁判例の傾向は理解しておく必要があるでしょう。

*16　関俊彦『株式評価論』298-304頁（商事法務研究会、昭和58年）、宍戸善一「紛争解決局面における非公開株式の評価」岩原紳作編『現代企業法の展開』423頁（有斐閣、平成2年）、佐藤信祐「非上場株式の評価」慶應義塾大学大学院法学研究科博士論文25-28頁（平成29年）。

*17　江頭憲治郎「判批」江頭憲治郎ほか編『会社法判例百選』45頁（有斐閣、第2版、平成23年）。

*18　山本浩二「株価算定の手法」奈良輝久ほか編『最新M＆A判例と実務』361頁（判例タイムズ社、平成21年）では、支配株主と少数株主とが独立した対等の立場で交渉したとすれば、理論的にはそれぞれの評価額の中間値で価格が決定されると指摘されています。

（4）非流動性ディスカウント

　非上場株式は上場株式に比べて流動性が低く、売買成立の困難性や追加的な取引コストの発生が考えられます。そのため、株式売買価格決定申立事件でも、**非流動性ディスカウント**を考慮した裁判例が公表されています[19]。

　まず、少数株主にとっての株式価値を評価する場合に、非流動性ディスカウントを考慮すべきであるということに争いはないと思われます。しかしながら、支配株主にとっての株式価値を算定する場合には、①非流動性ディスカウントを考慮しなくてもよいとする見解[20]と、②少数株主にとっての株式価値を算定する場合に比べてディスカウント率を低く設定しても構わないものの、非流動性ディスカウントを考慮すべきであるという見解があります[21]。

（5）評価方法の選定

　我が国の株式売買価格決定申立事件における裁判例の傾向として、かつては、国税庁方式[22]により評価した価格を重視する傾向が強かったものの[23]、その後の大まかな傾向としては、マーケット・アプローチが比較的よく用いられ、近時はインカム・アプローチの**DCF法**の採用が多くなっているということがいえます[24]。ただし、事業計画案が提出されなかったことから、DCF法ではなく、過去の経常利益の実績を基礎にした**収益還元法**が採用されていた裁判例も公表されています[25]。これに対し、少数株主にとっての株式価値を算定する場合には、**配当還元法**を採用している裁判例がほとんどです[26]。しかしながら、これらによって得られる株式価値に違和感がある場合には、時価純資産法との併用を行うという傾向もあります[27]。

　このように、現在の裁判例において、以下のような傾向があるということを理解しておきましょう。

　「支配株主にとっての株式価値についてはDCF法（またはその代替としての収益還元法）、少数株主にとっての株式価値については配当還元法を採用するものの、これらによって得られる株式価値に違和感がある場合には、時価純資産法との併用を行うという傾向があります。」

*19　大阪高決平成元年3月28日前掲（注13）、大阪地決平成25年1月31日前掲（注15）、広島地決平成21年4月22日前掲（注14）、東京高決平成20年4月4日前掲（注12）、札幌高決平成17年4月26日前掲（注14）、千葉地決平成3年9月26日前掲（注15）。
*20　KPMGFAS『図解でわかる企業価値評価のすべて』149-150頁（日本実業出版社、平成23年）、谷山邦彦『バリュエーションの理論と応用』337頁（中央経済社、平成22年）。
*21　安達前掲（注8）331頁。
*22　財産評価基本通達に定められている「取引所の相場のない株式の評価」による評価方法をいいます。
*23　江頭前掲（注17）44頁。
*24　山本爲三郎「第144条」山下友信編『会社法コンメンタール3 株式（1）』419頁（商事法務、平成25年）。
*25　東京高決平成20年4月4日前掲（注12）。
*26　大阪高決平成元年3月28日前掲（注13）、札幌高決平成17年4月26日前掲（注14）、広島地決平成21年4月22日前掲（注14）、大阪地決平成27年7月16日前掲（注13）。
*27　柴田和史「非上場株式の評価」浜田道代・岩原伸作編『会社法の争点』61頁（有斐閣、平成21年）。

5 従業員持株会

　従業員持株会の規約では、入会時に財産評価基本通達に定められ
ている特例的評価方式により評価した価額で取得するものの、退会
時に同じ価額で買戻しが強制されていることも少なくありません。

　そのため、定款ではなく、従業員持株会の規約により、譲受人と
譲渡価額が決定されているということがいえます。

　このような規約であっても、契約自由の原則が適用され、民法90
条に規定されている公序良俗違反に該当する場合を除き、有効にな
るとする見解が一般的です[28]。

＊28　最三小判平成7年4
月25日集民175号91頁、最
三小判平成21年2月17日
集民230号117頁参照。

コウジ

　従業員からすると、規約の存在を知りながら入会したんだから、仕方が
ないんだろうね。

6 おわりに

　このように、支配株主が少数株主から買い取る場合における裁判
例の傾向として、支配株主にとっての株式価値と少数株主にとって
の株式価値を1対1で折衷することにより売買価格を決定している
ものが多いということがいえます。

　もちろん、当事者間の合意があれば、異なる価格による買取りも
可能であるため、少数株主が納得できるような落としどころを探っ
ていく必要があると考えられます。

☀ CHALLENGE！

このように、支配株主にとっての株式価値と少数株主にとっての株式価値を1対1の折衷割
合により評価を行うという裁判例の傾向があります。それでは、異なる折衷割合を採用する余
地はあるのでしょうか。考えてみましょう。

第**4**章 どうしてもやるなら出ていくよ
〜反対株主の株式買取請求〜

法律事務所で働いている先輩に聞いたんだけど、組織再編成に反対する株主から株式を買い取る必要があるらしいんだ。司法試験で反対株主の株式買取請求について勉強したけど、組織再編成によるシナジーを加味しないといけないから、かなり高い価格になるみたいだよ。

そういえば、譲渡制限株式の売買価格決定申立事件だと、支配株主にとっての株式価値と少数株主にとっての株式価値を1対1で折衷して算定していたよね（第3章参照）。反対株主の株式買取請求でも同じように算定するのかな？

それとは事情が違うんじゃないかな。少数株主からすると売らざるを得ない状況に追いやられたわけだし。支配株主にとっての株式価値より安い値段だと、支配株主が儲かってしまうから、支配株主にとっての株式価値で買い取るべきなんじゃないかな。

インターネットで検索すると、反対株主の株式買取請求についての事例をたくさん見つけることができます。反対株主の株式買取請求は、会社に重大な影響を与えるような決議に反対する少数株主が保有する株式を買い取ってもらう権利のことをいいます。

そうなると、どのような価格で株式を買い取るべきなのかという点が問題になります。上場株式については、裁判例が積み重ねられてきたため、ほとんど争いはありませんが、非上場株式については、市場価格がないことから、実務でも悩ましい論点です。

マヤの指摘は鋭いですね。支配株主にとっての株式価値で買い取るというのが、本章におけるポイントになります。

1 概 要

　株主総会の決議は多数決で行われるため、会社に重大な影響を与えるような決議についても、多数派により決められてしまうことになります。そうなると、重要な決議によって事業価値が下落することも考えられるため、少数株主に対して、**投下資本の回収の機会**を与える必要があります。

　反対株主の株式買取請求権は、以下の場合において認められています。

- 事業譲渡、子会社株式の譲渡または事業譲受など（会法469、470）
- 全部の株式について、譲渡制限を定める定款変更（会法116①一）
- ある種類の株式について、譲渡制限株式または全部取得条項付種類株式に変更する定款変更（会法116①二）
- **合併、分割、株式交換、株式移転または株式交付**（会法785、786、797、798、806、807、816の6）
- 以下の行為により、特定の種類株主に損害を及ぼすおそれがあるとき（会法116①三）
  - ・　株式併合または株式分割
  - ・　株式無償割当て
  - ・　単元株式数についての定款変更
  - ・　株式を引き受ける者の募集
  - ・　新株予約権を引き受ける者の募集
  - ・　新株予約権無償割当て

　上記のうち、実務において問題になりやすいのは、合併、分割、株式交換または株式移転です。そのため、本章では、合併、分割、株式交換および株式移転に係る反対株主の株式買取請求について解説します。

このように、反対株主の株式買取請求は、少数株主に対して投下資本の回収の機会を与えるためであると説明されますが、後述するように、シナジー価格を公正な価格としているため、それだけでは説明できないという見解もあります[1]。

*1　篠原倫太郎「第785条」江頭憲治郎・中村直人編『論点体系 会社法5 社債、組織再編Ⅰ』455頁（第一法規、平成24年）。

2　スクイーズアウト

　平成26年改正会社法が施行されたことにより、株式併合を利用した手法が整備されるとともに、特別支配株主の株式等売渡請求（以下、「株式等売渡請求」といいます。）が導入されました。その結果、現行法上、スクイーズアウトの手法として、以下の3つが挙げられます。なお、スクイーズアウトとは、金銭により少数株主から**強制的に株式を買い取る**手法をいいます。

- ●全部取得条項付種類株式
- ●株式併合
- ●株式等売渡請求

　上記のうち、全部取得条項付種類株式および株式併合による手法は、**1株未満の端数**にしたうえで少数株主を締め出す手法になります[2]。

　そして、少数株主に対しては、以下の権利が与えられています。そのため、いずれの手法を採用したとしても、手続きに瑕疵がある場合を除き、**価格を争う**ことのみが認められているということがいえます。

*2　全部取得条項付種類株式を利用した手法は、以下の手順により行われます。
① 発行会社の発行済株式のすべてを全部取得条項付種類株式に変更する。
② 発行会社が全部取得条項付種類株式を取得し、対価として普通株式を発行する。この際に、少数株主が取得すべき普通株式がすべて1株に満たない端数になるように調整する。
③ 1株に満たない端数の処理として、少数株主に金銭を交付する。

手 法	少数株主の権利
全部取得条項付種類株式	株式取得価格決定の申立て（会法172）
株式併合	反対株主の株式買取請求（会法182の4、182の5）
株式等売渡請求	売買価格決定の申立て（会法179の8）

スクイーズアウトについても、上記の取得価格、買取価格および売買価格をどのように算定するのかという点が問題になります。スクイーズアウトの具体的な内容については、第17章で解説しますが、本章では、会社法上、取得価格、買取価格および売買価格をどのように算定するのかという点について解説します。

サトウ先生

ここで議論になるのは会社法上の時価であり、租税法上の時価とは異なります。租税法上の時価については、第8章および第10章で解説します。

3 公正な価格

(1)組織再編成

組織再編成により株式買取請求権が行使された場合には、**公正な価格**により株式を買い取る必要があります（会法785①、797①、806①）。この場合における公正な価格は、以下のいずれか高い金額により決定されます[3]。

- ●ナカリセバ価格[4]
- ●シナジー価格[5]

上場会社の裁判例のほとんどは、以下のステップで公正な価格を算定しています[6]。

①　**企業価値または株主価値が毀損している**と認められる場合には、ナカリセバ価格を公正な価格として算定します。

②　**企業価値または株主価値が毀損していない**と認められる場合には、以下のようにシナジー価格を公正な価格として算定します。

（ⅰ）**組織再編比率が公正である**と認められる場合には、**市場価格**をシナジー価格として算定します。

（ⅱ）**組織再編比率が不公正である**と認められる場合には、公正な組織再編比率に基づいてシナジー価格を算定します。

[3]　相澤哲・葉玉匡美・郡谷大輔『論点解説　新・会社法』682頁（商事法務、平成18年）。
[4]　組織再編成がなかったと仮定した場合の価格をいいます。
[5]　組織再編成に伴うシナジーを適切に分配したと仮定した場合の価格をいいます。
[6]　鳥山恭一「判批」金融・商事判例1391号4頁（平成24年）。

これに対し、非上場会社については、市場価格がないことから、どのように算定するのかという点が問題になります。この点については、以下のように解されています。

- マイノリティ・ディスカウント[*7]を加味せずに、支配株主にとっての株式価値により評価を行います[*8]。
- 非流動性ディスカウント[*9]を加味しません[*10]。
- DCF法（またはその代替としての収益還元法）により評価をすることを原則とするものの、これによって得られる株式価値に違和感がある場合には、時価純資産法との併用を行います（第3章参照）。

非上場会社であっても、シナジーを算定すべきなんだろうけど、シナジーが数値化できる事例はほとんどないだろうね。

(2) スクイーズアウト

スクイーズアウトを行う場合には、少数株主を金銭で締め出すだけなので、シナジーが生じるわけではありません。そのため、スクイーズアウトを行う前の株式価値を**客観的価値**とし、スクイーズアウトにより増加する株式価値を**増加価値分配価格**としています[*11]。

上場会社においては、**意思決定過程が恣意的になることを排除するための措置**が講じられ、かつ、**一般に公正と認められる手続き**により公開買付けが行われた場合には、特段の事情がない限り、公開買付価格を公正な価格とすべきであるとしています[*12]。

これに対し、非上場会社においては、一般に公正と認められる手続きを行うためのコストを負担することができないことが多いことから、きちんとバリュエーションを行ったうえで、公正な価格を算定せざるを得ません。

しかしながら、非上場会社がスクイーズアウトを行っても、増加価値分配価格を数値化することは困難であるため、**マイノリティ・ディスカウント、非流動性ディスカウントを考慮しない支配株主に**

*7　少数株主であることを理由としたディスカウントをいいます。
*8　東京高決平成22年5月24日金融・商事判例1345号12頁。
*9　非上場会社であることを理由としたディスカウントをいいます。
*10　最一小決平成27年3月26日民集69巻2号365頁、東京高決平成22年5月24日前掲(注8)。

*11　大阪高決平成21年9月1日資料版商事法務307号200頁など。
*12　最小一決平成28年7月1日民集70巻6号1445頁、東京高決平成28年3月28日金融・商事判例1491号32頁。

とっての株式価値により客観的価値を算定し、当該客観的価値をそのまま公正な価格として算定することが多いと思われます。

マヤ　組織再編成とスクイーズアウトの公正な価格の考え方は、ほとんど変わらないんだね。

4 おわりに

　本章では、組織再編成およびスクイーズアウトにおける公正な価格について解説しました。

　実務上、少数株主が反対株主の株式買取請求などの権利を行使した場合に、どのように公正な価格を算定するのかについて議論になることが多いため、本章で解説した内容をきちんと理解しておく必要があります。

⚙ CHALLENGE!

非上場会社同士の合併において、財産評価基本通達に定める類似業種比準方式（第8章参照）により合併比率を算定した場合に、類似業種比準方式による評価額を公正な価格としてよいのでしょうか。考えてみましょう。

第**5**章 資本金には意味がある?
～株式と資本の関係～

ユウタ

親父が税理士だから、たまに会社法の話をするんだけど、株式と資本が一体なものだと思っているみたいなんだ。いまだに額面株式の話もしてるし、昔の商法と今の会社法って、全然違うみたいなんだよ。

マヤ

大学院の友達が商法を専攻しているから聞いてみたんだけど、商法から会社法に変わる前に商法の大改正があったらしいわ。
その頃の雑誌を読んでみると、額面株式が廃止されたり、自己株式や株式消却の規定が変わったりして、実務も混乱していたみたい。

コウジ

そういえば、サトウ先生も同じことを言っていたよ。平成13年度に組織再編税制が導入されたと思ったら、同時に商法まで改正されて、その対応が大変だったらしいよ。会社法が施行された平成18年には、株式と資本の関係はほとんどなくなったから、むしろ別物と割り切ったほうがシンプルなのかもしれないね。

サトウ先生

皆さんは、株式と資本の関係を意識したことはありますか?
かつては、資本三原則として、資本確定の原則、資本充実・維持の原則および資本不変の原則が挙げられることがありました。現行会社法で資本三原則を放棄しているとまでは言いませんが、昔に比べると強調されることは少なくなっているように思います。
そもそも株主にとって、資本金の額にはどのような意味があるのでしょうか? もちろん、分配可能額を算定するために重要な指標であることは事実ですが、それぞれの株主にとっての1株当たりの資本金の額に何ら意味はなく、株式との関係は分断されていると言っても過言ではありません。

1 資本金の額、準備金の額の計算

　会社法上、債権者保護の観点から、資本金、法定準備金およびその他剰余金[*1]という区別が重要になります。これは、資本金、法定準備金を減少させるためには、債権者異議手続きが必要になることからも明らかです（第12章参照）。

　これに対し、企業会計では、企業会計原則第一の三において、「資本取引と損益取引とを明瞭に区別し、特に資本剰余金と利益剰余金とを混同してはならない。」としていることから、元手である資本と儲けである利益の区別が重要になります。

　この両方の目的を達成するために、株式会社の株主資本として、資本金、資本剰余金（資本準備金およびその他資本剰余金）、利益剰余金（利益準備金およびその他利益剰余金）が定められています（計規76）[*2]。

会社法と会計の融合

		企業会計	
		資　本	利　益
会社法	資本金	資本金	
	法定準備金	資本準備金	利益準備金
	その他剰余金	その他資本剰余金	その他利益剰余金

　そして、剰余金の配当を無制限に認めてしまうと、債権者に対して債務を弁済することができなくなってしまうため、会社法上、分配可能額の計算が定められています。具体的には、株式会社における分配可能額は、その他剰余金の額を基礎に算定します（会法461①八、②、計規158）。

　資本金や法定準備金を剰余金の配当原資とすることはできないことから、資本金や法定準備金を剰余金の配当原資とするためには、資本金や法定準備金を減少させ、その他剰余金を増加させる必要があります（第12章参照）。

*1　「その他剰余金」ではなく、「剰余金」と表記されることもあります（会法446）。

*2　同条では、持分会社の社員資本として、資本金、資本剰余金、利益剰余金が定められています。持分会社の社員資本には、株式会社の株主資本と異なり、資本準備金及び利益準備金という概念がないという違いがあります。

元手であるはずの資本に、資本金だけじゃなく、資本準備金やその他資本剰余金が含まれるのか。資本・利益区分の原則では、資本金の存在意義は説明できなさそうだね。

2 株式と資本の関係

　それでは、株式と資本の関係が生じる場面として、どのようなものがあるのでしょうか。まず、第12章で解説するように資本金を減少させ、その他資本剰余金を増加させたとしても、**株主が保有する株式に変動があるわけではありません**。そのため、資本が減少する場面では株式との関係は乏しいといえます。

　これに対し、資本金が増加する場面はどうでしょうか。会社法445条では、以下のように規定されています。

【会社法445条(資本金の額及び準備金の額)】

① 　株式会社の資本金の額は、この法律に別段の定めがある場合を除き、設立又は株式の発行に際して株主となる者が当該株式会社に対して払込み又は給付をした財産の額とする。

② 　前項の払込み又は給付に係る額の二分の一を超えない額は、資本金として計上しないことができる。

③ 　前項の規定により資本金として計上しないこととした額は、資本準備金として計上しなければならない。

④ 　剰余金の配当をする場合には、株式会社は、法務省令で定めるところにより、当該剰余金の配当により減少する剰余金の額に十分の一を乗じて得た額を資本準備金又は利益準備金(以下「準備金」と総称する。)として計上しなければならない。

⑤ 　合併、吸収分割、新設分割、株式交換、株式移転又は株式交付に際して資本金又は準備金として計上すべき額については、法務省令で定める。

⑥ 　省略

第 1 項を見てみると、株式会社に対して**払込みをした金銭の額または給付をした財産の額**が資本金の額になることを原則としています。そして、第 2 項および第 3 項を見てみると、株式会社に対して払込みをした金銭の額または給付をした財産の額のうち**2分の1までの金額は資本準備金にすることができる**とされています。

こうしてみると、増資の時だけは、かろうじて株式と資本が繋がっているということがいえます*3。

マヤ

でも、第 5 項が気になるわ。組織再編成の場合には、増加する資本金の額はどのように算定されるのかしら?

3 組織再編成における会計処理

企業結合会計の基本的な考え方

組織再編成を行った場合には、取得*4、共同支配企業の形成*5または共通支配下の取引等*6のいずれに該当するのかによって、会計処理が異なります。このうち、共同支配企業の形成は、複数の独立した法人により、合弁会社を設立するような場合を想定したものなので、実務では、ほとんど該当することはありません。

取得はグループ外の法人との組織再編成を行った場合、共通支配下の取引等はグループ内の法人との組織再編成を行った場合に、それぞれ適用されます。そして、取得に該当した場合には、**時価**で資産および負債を取得し、共通支配下の取引等に該当した場合には、**簿価**で資産および負債を取得します。

企業結合会計

取 得	時価で取得
共同支配企業の形成	簿価で取得
共通支配下の取引等	簿価で取得

*4 「取得」とは、ある企業が他の企業または企業を構成する事業に対する支配を獲得することをいいます（結合基準9）。現行会計基準では、共同支配企業の形成および共通支配下の取引以外の企業結合は、取得として処理されます（結合基準17）。

*5 「共同支配企業の形成」とは、複数の独立した企業が契約等に基づき、当該共同支配企業を形成する企業結合をいいます（結合基準11）。

*6 「共通支配下の取引」とは、結合当事企業（または事業）のすべてが、企業結合の前後で同一の株主により最終的に支配され、かつ、その支配が一時的ではない場合の企業結合をいいます（結合基準16）。親会社と子会社の合併および子会社同士の合併は、共通支配下の取引に含まれます。

4 合併の会計

(1)概 要

　組織再編成に係る純資産の部の取扱いは、会社計算規則において詳細に規定されており、かつ、登記実務において、「資本金の額が会社法第445条第5項の規定に従って計上されたことを証する書面」が必要になります。

　組織再編成に係る純資産の部の取扱いは、それぞれの組織再編成に対して規定されていますが、本章は、株式と資本の関係を説明することを目的にしており、組織再編成の会計処理を説明することを目的にしているわけではないため、ここでは吸収合併についてのみ解説します。

(2)取得に該当する場合

　「取得」に該当する合併を行った場合には、パーチェス法により会計処理を行います（結合基準17）。パーチェス法とは被合併法人の資産および負債を時価で取得する方法をいいます。そして、パーチェス法では、合併により増加した株主資本の額を**資本金の額、資本準備金およびその他資本剰余金に任意に配分**します（会計35②）。

　この場合には、**増加する株主資本の額の2分の1以上を資本金の額に組み入れるという規定は適用されない**ため[*7]、増加する株主資本の額が10億円であっても、増加資本金の額を0円とし、増加する株主資本の額のすべてをその他資本剰余金に配分することができます。

*7　増加する株主資本の額の2分の1以上を資本金の額に組み入れるという規定は会社法445条1項から3項に規定されていますが、合併を行った場合には、同条5項が適用された結果、会社法445条1項に定める「別段の定め」により同項は適用されません。すなわち、増加する株主資本の額の2分の1以上を資本金の額に組み入れるという規定が適用されないことから、増加する株主資本の額のすべてをその他資本剰余金に組み入れることができます。

【パーチェス法における受入仕訳】

（諸　資　産）	3,000百万円	（諸　負　債）	2,000百万円
		（資　本　金）	0百万円
		（その他資本剰余金）	1,000百万円

(3)子会社同士の合併

① 原則的な取扱い

　子会社同士の合併[8]を行った場合には、被合併法人の資産および負債を簿価で合併法人に引き継ぐ必要があります（結合基準41）。そして、子会社同士の合併では、会社計算規則35条に規定する**資本金の額、資本準備金およびその他資本剰余金に任意に配分する方法**と、同36条に規定する**被合併法人の純資産の部をそのまま引き継ぐ方法**の2つのうち、**有利な方法を選択**することができます。

[8]　「子会社同士の合併」には、同一の法人によって支配されている子会社同士の合併だけでなく、同一の個人によって支配されている子会社同士の合併も含まれます。

【共通支配下の取引等】

イ．被合併法人の貸借対照表（簿価ベース）

科　目	金　額	科　目	金　額
資　産	3,000百万円	負　債	2,000百万円
		資本金	10百万円
		資本準備金	10百万円
		利益準備金	2百万円
		その他利益剰余金	978百万円
合　計	3,000百万円	合　計	3,000百万円

ロ．受入仕訳（35条適用）

（諸　　資　　産）	3,000百万円	（諸　　負　　債）	2,000百万円
		（資　　本　　金）	0百万円
		（その他資本剰余金）	1,000百万円

ハ．受入仕訳（36条適用）

（諸　　資　　産）	3,000百万円	（諸　　負　　債）	2,000百万円
		（資　　本　　金）	10百万円
		（資　本　準　備　金）	10百万円
		（利　益　準　備　金）	2百万円
		（その他利益剰余金）	978百万円

② 被合併法人が債務超過である場合

子会社同士の合併を行った場合には、被合併法人が債務超過であったとしても、会社計算規則35条に規定する資本金の額、資本準備金およびその他資本剰余金に任意に配分する方法と、同36条に規定する被合併法人の純資産の部をそのまま引き継ぐ方法の2つを選択適用することができます。しかし、会社計算規則35条に規定する資本金の額、資本準備金およびその他資本剰余金に任意に配分する方法を選択する場合には、資産および負債を簿価で引き継ぐことから、増加する株主資本の額がマイナスであるという問題が生じます。そのため、この方法を選択する場合には、**その他利益剰余金の減少額**として処理します。具体的には、以下の事例をご参照ください。

【債務超過会社との合併】

イ. 被合併法人の貸借対照表(簿価ベース)

科 目	金 額	科 目	金 額
資 産	3,000百万円	負 債	4,000百万円
		資本金	10百万円
		資本準備金	10百万円
		その他利益剰余金	△1,020百万円
合 計	3,000百万円	合 計	3,000百万円

ロ. 受入仕訳(35条適用)

(諸　資　産)	3,000百万円	(諸　負　債)	4,000百万円
		(その他利益剰余金)	△1,000百万円

ハ. 受入仕訳 (36条適用)

(諸　資　産)	3,000百万円	(諸　負　債)	4,000百万円
		(資　本　金)	10百万円
		(資本準備金)	10百万円
		(その他利益剰余金)	△1,020百万円

③　無対価合併

　会社法上、吸収合併、吸収分割および株式交換に対しては、何ら対価を交付しない無対価組織再編成が認められています。これに対し、新設合併、新設分割および株式移転では、無対価組織再編成は認められていません。

　この場合における会計処理について、会社計算規則36条2項では、「吸収合併の直前の吸収合併消滅会社の資本金及び資本剰余金の合計額を当該吸収合併存続会社の**その他資本剰余金の変動額**とし、吸収合併の直前の利益剰余金の額を当該吸収合併存続会社の**その他利益剰余金の変動額**とすることができる」と規定されています。上記の事例をもとに仕訳を行うと以下のとおりです。

【無対価合併】

（諸　　資　　産）	3,000百万円	（諸　　負　　債）	2,000百万円
		（その他資本剰余金）	20百万円
		（その他利益剰余金）	980百万円

サトウ先生

> このように、組織再編成を行った場合には、株主資本の額が増加したとしても、資本金の額を増加させないことができます。
> 現行会社法では、株式と資本の関係が分断されているということがいえます。

5　おわりに

　本章では、株式と資本の関係について解説しました。増資を行った場合に、払込みをした金銭の額または給付をした財産の額の2分の1以上を資本金の額に組み入れる必要があることから、株式と資本の関係が残っているようにも思えますが、会社法および租税法を理解するうえで、株式と資本の関係は断ち切られていると思ったほうが分かりやすいと思います。

C HALLENGE!

本章で解説したように、組織再編成を行った場合には、株主資本の額が増加しても、資本金の額を増加させないことができます。さらに、分割事業が債務超過である分社型分割を行った場合における仕訳を確認すると、株式と資本の分断が明らかになります。

それでは、共通支配下の取引等に該当する分社型分割を行った場合において、移転資産の帳簿価額が3,000百万円、移転負債の帳簿価額が4,000百万円、分割承継法人株式の帳簿価額が200百万円であるときは、分割法人および分割承継法人の仕訳はどのようになるのでしょうか。考えてみましょう。

第 **6** 章 株主が多すぎて大変だ
～単元株制度～

マヤ 井上社長の会社もどんどん大きくなっているよね。株主もどんどん増えて、ついに1,000人を超えたみたい。
これだけ株主が増えてしまうと、株主総会を開くのも大変だよね。

コウジ 井上社長の相談はそこなんだよ。株主の数を減らしたいんだけど、どんどん設備投資をしてしまったから、株式を買い取るためのお金もない。
井上社長としては、配当はきちんとするつもりだから、議決権だけでも制限したいらしいんだよ。一体、どうしたらいいんだろう？

ユウタ そういえば、企業法の授業で単元株制度について習ったよ。100株を1単元にすれば、100株未満の株主は株主総会で議決権を行使することができなくなるから、株主総会も円滑に進めることができるんじゃないかな？

サトウ先生 皆さんは、単元株という制度を知っていますか？
マヤの言うように、会社が大きくなると、株主の管理コストが膨大になってきます。そうなると、株式を買い戻すことも検討したいのですが、いきなり株式を買い集めることができない場合があります。
そのような場合に、単元株という制度を導入することがあります。ユウタの言うように、単元株制度を導入した場合には、1単元未満の株式しか保有していない株主に対しては、株主総会における議決権を与えないことができるため、株主総会を円滑に進めることができます。
しかし、単元株制度は、少数株主の権利を縮小する制度ですので、少数株主を保護するために、様々な規定が設けられています。

1 概　要

　株主の数が増えてくると、株主の管理コストが多額になってきます。これを解決するために、**単元株制度**が認められています。単元株制度とは、定款の定めにより、一定の数の株式を 1 単元と定め、**1 単元の株式**に対して株主総会における**1 個の議決権**を認め、単元未満株式に対しては**議決権を与えない**とする制度のことをいいます（会法308①但書）*1。

　単元株制度を導入するためには、**定款の定め**が必要になります（会法188①）。ただし、単元株制度が無制限に認められているわけではなく、**1,000 および発行済株式総数の 200 分の 1 を超える単位**にすることは認められていません（会法188②、会規34）。

*1　種類株式発行会社においては、単元株式数は、株式の種類ごとに定める必要があります（会法188③）。

2 単元未満株主の有する権利

　単元未満株主に対しては、株主総会および種類株主総会における議決権が認められていません（会法189①）。そのため、**株主総会および種類株主総会の招集通知を発送する必要もありません***2。

　議決権以外の権利についても、定款によって制限することができますが、例外として、定款によっても制限することができない権利があります（会法189②、会規35①）。

　そのうち、最も重要なものとして、**残余財産分配請求権**と**剰余金の配当を受ける権利**が挙げられます（会法189②五、会規35①七ニ）。

*2　会社法298条2項において、「株主（株主総会において決議をすることができる事項の全部につき議決権を行使することができない株主を除く。次条から第三百二条までにおいて同じ。）」と規定されており、招集通知の発送については、同法299条1項において、「株主に対してその通知を発しなければならない。」と規定されているため、株主総会において決議をすることができる事項の全部につき議決権を行使することができない株主である単元未満株主に対しては、招集通知を発送する必要はないということになります。

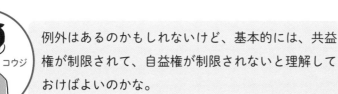

　例外はあるのかもしれないけど、基本的には、共益権が制限されて、自益権が制限されないと理解しておけばよいのかな。

3 単元未満株式の買取請求権

単元未満株主に対しては、**株式買取請求権**が認められています（会

法192)。そのため、単元株制度を導入した場合には、緩やかに株主の数が減少していくことが期待できます。

ただし、当事者間の合意があれば別ですが、買取価格に争いが生じる場合には、**裁判所**により買取価格が決定されます（会法193②）。さらに、買取請求をした日から20日以内に裁判所への申立てがないときは、**1株当たりの簿価純資産価額**により買取価格を決定することとされています（会法193⑤）。

そのため、思ったよりも高い金額で買い取らざるを得ないことが多いと思われます。

 ユウタ 少数株主にとっての株式価値で買い取ることは難しそうだね。

4 単元未満株式の売渡請求権

単元未満株主に対しては、**定款の定めにより**、単元未満株式の**売渡請求権**を与えることができます（会法194）。

売渡請求権とは、**単元未満株主が有する単元未満株式の数と併せて単元株式数となる数**の株式を当該単元未満株主に売り渡すことを発行会社に対して請求する権利をいいます。

具体的には、1単元が100株である場合において、40株だけを保有しているときは、60株を売り渡すことを発行会社に対して請求することにより、1単元に相当する株式を保有することができるようになります[*3]。

5 定款変更の手続き

単元株制度を導入するためには、定款を変更する必要があります。そのため、**株主総会の特別決議**が必要になることが原則です（会法466、309②十一）[*4][*5]。そして、第4章で解説したように、定款変更に反対する株主に対しては、**株式買取請求権**が認められています（会

*3　発行会社が保有する自己株式が60株未満である場合には、売渡請求に応じる必要はありません。そのため、売渡請求に応じるために、わざわざ自己株式を取得する必要もありません（前田雅弘「第194条」酒巻俊雄・龍田節『逐条解説会社法第3巻株式・2／新株予約権』39頁（中央経済社、平成21年））。

*4　種類株式発行会社の場合において、単元株式制度を導入することにより、他の種類株主に損害を与えるおそれがある場合には、種類株主総会の決議が必要になります（会法322①一ロ）。

法116①三ハ）。

　ただし、株式分割と同時に単元株式数を増加させる場合または株式分割と同時に単元株制度を導入する場合において、定款変更後に議決権が減少しないときは、株主総会の決議が不要とされています（会法191）。

6　一株に満たない端数

　平成17年改正前商法では、端株制度が定められていました（平成17年改正前商法220の2）。これに対し、現行会社法では端株制度が廃止され、一株に満たない端数が生じた場合には、以下のいずれかの手法により現金化したうえで、一株に満たない端数に対して金銭を交付することになりました（会法234、235）*6。

① 　競売
② 　裁判所の許可を得たうえで譲渡
③ 　自己株式の買取り

なお、一株に満たない端数が生じる場面として、以下のものが挙げられます。

① 　取得条項付株式の取得
② 　全部取得条項付株式の取得
③ 　株式無償割当て
④ 　新株予約権の取得
⑤ 　合併、株式交換、株式移転または株式交付
⑥ 　株式分割または株式併合

マヤ　株式移転や株式併合で、少数株主をすべて端株にすることができるかもしれないね。

＊5　単元株制度の内容を変える場合についても、株主総会の特別決議が必要になります。なお、例外的に、単元株式数を減らす場合や単元株制度についての定款の定めを廃止する場合には、取締役の決定（取締役会設置会社にあっては、取締役会の決議）により行うことができますが（会法195①）、種類株式発行会社の場合において、他の種類株式に対する単元株式数を減らしたり、単元株式制度を廃止したりすることにより、他の種類株主に損害を与えるおそれがあるときは、種類株主総会の決議が必要になります（会法322①一ロ）。
＊6　会社法の施行に伴う関係法律の整備等に関する法律86条1項では、「この法律の施行の際現に存する旧株式会社の端株については、なお従前の例による。」としているため、平成17年改正前商法の時代に発生した端株が残っている会社もあるかもしれません。

マヤの言うように、株式移転比率が100対1である株式移転や100株を1株にする株式併合により少数株主を締め出すことができます。そのため、少数株主に対しては、反対株主の株式買取請求が認められています（第4章参照）。なお、株式併合によるスクイーズアウトについては、第17章で解説します。

7　おわりに

　本章では、単元株制度について解説しました。株主の数が増えてくると、議決権の数を制限するために、単元株制度を検討することがあります。

　上場会社ではすでに導入されているケースも多いですし、非上場会社にはそれほど株主の数が多くないので、単元株制度を新たに導入することを検討する会社の多くは上場準備会社になります。

　IPOに関与する場合には、単元株制度についても意識する必要があると思います。

CHALLENGE!

単元未満株式の買取請求がなされた場合には、発行会社は単元未満株式を買い取る必要があります。そして、第14章で解説するように、自己株式を取得する場合には、分配可能額の範囲で取得する必要があります。

それでは、分配可能額が足りない場合にも、単元未満株式を買い取る必要があるのでしょうか。考えてみましょう。

第7章

株式の単位は変えられる

～株式併合、株式分割および株式無償割当て～

コウジ

折田社長が、IPOを目指しているみたいだね。でも、あの会社って、発行済株式が10株しかないから、時価総額が10億としても、1株当たり1億円になってしまう。ちょっと投資するには高すぎる金額だよね。

マヤ

IPOをする前に、従業員にも株式を持ってもらいたいと言っていたわ。1億円なんてお金はだれも持っていないし、1株当たりの株価を引き下げる方法はないのかしら？

ユウタ

たしか、株式併合や株式分割で株式数を増減させることができたよね。1株当たり1億円なら、1株を100万株にする株式分割を行えば、1株当たり100円まで株価を引き下げることができる。株式分割を行った場合に税金が発生しないのであれば、良い手法だと思うんだけどな。

サトウ先生

皆さんは、株式数をどのように増減させるのか知っていますか？
もちろん増資をすれば株式数は増えますし、自己株式の取得をすれば株式数は減ります。しかし、折田社長の希望としては、IPOのために1株当たりの株価を引き下げたいということなので、別の方法を考える必要があります。
ユウタの指摘は鋭いですね。株式併合や株式分割を行っても、時価総額は変わらないので、株式併合の場合には1株当たりの株価が引き上げられ、株式分割の場合には1株当たりの株価が引き下げられます。
また、株式併合や株式分割を行っても、原則として、所得税や法人税は課されません。発行済株式総数は登記事項ですので、登録免許税が課されますし、株券を発行すると印紙税が課されますが、それ以外の税金は発生しないので、折田社長に対しては株式分割を提案することができそうです。

1 概　要

　本章では、株式併合、株式分割および株式無償割当てについて解説します。それぞれの定義は以下のとおりです。

●株式併合

　株式併合とは、各株主の有する株式の数が効力発生日に**一定の割合で減少する**ことをいいます（会法182）。そのため、株式併合により、10株を1株にしたり、5株を1株にしたりすることができます。

　なお、種類株式発行会社の場合には、特定の種類の株式の数のみを減少させることができます。

●株式分割

　株式分割とは、各株主の有する株式の数が効力発生日に**一定の割合で増加する**ことをいいます（会法184①）。そのため、株式分割により、1株を10株にしたり、1株を5株にしたりすることができます。

　なお、種類株式発行会社の場合には、特定の種類の株式の数のみを増加させることができます。

●株式無償割当て

　株式無償割当てとは、株主に対して新たに払い込みをさせないで、その有する株式数に応じて当該法人の**株式を無償で交付する**制度をいいます（会法185、186②）。

　なお、種類株式発行会社の場合には、特定の種類の種類株主に対して株式を無償で交付することができます。

マヤ　株式併合と株式分割はなんとなく分かるんだけど、株式無償割当てはどうして認められているのかしら？

2　株式併合

(1) 会社法上の手続き

　株式併合を行うためには、**株主総会の特別決議**によって、以下に掲げる事項を定める必要があります（会法180②、309②四）。

① 併合の割合

② 効力発生日

③ 種類株式発行会社である場合には、併合する株式の種類

④ 効力発生日における発行可能株式総数[*1]

　さらに、効力発生日の2週間前までに、株主[*2]に対して、上記の事項を**通知または公告**する必要があります（会法181）。なお、株券不発行会社の場合には株券提供手続きは不要ですが、株券発行会社の場合には、**株券提供手続き**も必要になります（会法219①二）。

　株式併合を行った場合において、株式の数に**一株に満たない端数**が生じるときは、反対株主に対して**株式買取請求権**が認められているという特徴があります（会法182の4、182の5）。

コウジ

一株に満たない端数が生じない場合には、株式買取請求権が認められていないんだね。

(2)税務上の取扱い

　株式併合を行った場合であっても、1株に満たない端数が生じた場合を除き、**株主における課税上の影響はありません**（法令119の3⑦、119の4①、所令110①）。

　ただし、1株に満たない端数が生じたことにより、当該端数に相当する株式を譲渡したときは、**株式譲渡損益**を認識する必要があります（法法61の2①、措法37の10①）。なお、発行法人が1株に満たない端数を買い取った場合であっても、**みなし配当**を認識する必要

＊1　公開会社の場合には、併合後の発行可能株式総数は、併合後の発行済株式総数の4倍を超えることができません（会法180③）。
＊2　種類株式発行会社の場合には、③の併合する株式の種類の種類株主。

はありません（法法24①五、法令23③九、所法25①五、所令61①九）。

　そして、株式併合を行った場合には、発行済株式総数に対する変更登記が必要になるため、**登録免許税**の支払いが必要になります（登免法別表第一 二十四（一）ツ）。

3　株式分割

(1)会社法上の手続き

　株式分割は、株式併合と異なり、株主に不利益になる可能性が少ないため、取締役会設置会社においては**取締役会決議**、それ以外の会社においては**株主総会の普通決議**により、以下に掲げる事項を定めれば足ります（会法183②）*3*4。

①　分割の割合および分割に係る基準日

②　効力発生日

③　種類株式発行会社である場合には、分割する株式の種類

　なお、**株式分割に伴って発行可能株式総数を増加させる**場合には、定款変更が必要になるものの、株主総会の決議は不要とされています（会法184②）。

(2)税務上の取扱い

　株式分割を行った場合であっても、1株に満たない端数が生じた場合を除き、**株主における課税上の影響はありません**（所令110①）。

　ただし、1株に満たない端数が生じたことにより、当該端数に相当する株式を譲渡した場合には、**株式譲渡損益**を認識する必要があります（法法61の2①、措法37の10①）。なお、発行法人が1株に満たない端数を買い取った場合であっても、**みなし配当**を認識する必要はありません（法法24①五、法令23③九、所法25①五、所令61①九）。

　株式分割を行った場合には、発行済株式総数に対する変更登記が必要になるため、**登録免許税**の支払いが必要になります（登免法別表第一の二十四（一）ツ）。そして、株券発行会社が新たに株券を発

*3　ただし、分割に係る基準日を定めた場合には、公告をする必要があります（会法124③）。
*4　種類株式発行会社において、ある種類の株式の種類株主に損害を及ぼすおそれがある場合には、種類株主総会の特別決議が必要になります（会法322①二、324②四）。

行する場合には、株券に対する**印紙税**が必要になります（印法別表一の四）。

ユウタ　登録免許税も印紙税もそれほど多額にはならないと思うから、折田社長には株式分割が提案できそうだね。

4　株式無償割当て

(1)会社法上の手続き

　株式無償割当ては、株式併合と異なり、株主に不利益になる可能性が少ないため、定款に別段の定めがある場合を除き、取締役会設置会社においては**取締役会決議**、それ以外の会社においては**株主総会の普通決議**により、以下に掲げる事項を定めれば足ります（会法186①③）[*5]。

① 　株主に割り当てる株式の数[*6]またはその算定方法

② 　効力発生日

③ 　種類株式発行会社である場合には、株式無償割当てを受ける
　　株主の有する株式の種類

　さらに、効力発生日後、遅滞なく、株主に対して当該株主が割当てを受けた株式の数を通知する必要があります（会法187②）。

　株式無償割当てでは、交付する株式は**同一の種類の株式**であっても、**異なる種類の株式**であっても構いません。そのため、株式分割との違いは、①A種類株主に対してB種類株式を交付することができる、②自己株式には割り当てられない（会法186②）、③自己株式を交付することができる、④基準日を設定する必要がない、⑤発行可能株式数を増加させるための決議は別途必要になるという点にあります[*7]。

＊5　種類株式発行会社において、ある種類の株式の種類株主に損害を及ぼすおそれがある場合には、種類株主総会の特別決議が必要になります（会法322①三、324②四）。
＊6　種類株式発行会社にあっては、株式の種類および種類ごとの数。
＊7　相澤哲ほか『論点解説　新・会社法』192頁（平成18年、商事法務）。

(2)税務上の取扱い

　株式無償割当てを行った場合であっても、1株に満たない端数が生じた場合を除き、株主における課税上の影響はありません（法令119①三、所令109①四）[8][9]。

　ただし、1株に満たない端数が生じたことにより、当該端数に相当する株式を譲渡したときは、**株式譲渡損益**を認識する必要があります（法法61の2①、措法37の10①）。なお、発行法人が1株に満たない端数を買い取った場合であっても、**みなし配当**を認識する必要はありません（法法24①五、法令23③九、所法25①五、所令61①九）。

　株式無償割当てを行った場合には、発行済株式総数に対する変更登記が必要になるため、**登録免許税**の支払いが必要になります（登免法別表第一 二十四（一）ツ）。そして、株券発行会社が新たに株券を発行する場合には、株券に対する**印紙税**が必要になります（印法別表一の四）。

*8　株式無償割当てにより取得した株式の取得価額は0になります（法令119①三、所令109①四）。
*9　種類株式発行会社が株式無償割当てを行った場合において、他の種類の種類株主に損害を及ぼしていると認められるときは、株式無償割当てを受けた種類株主において受贈益が生じる可能性があります（法令119①四、所令84五）。

サトウ先生

　第6章で解説したように、株式併合だけでなく、株式分割や株式無償割当てにおいても、一株に満たない端数が生じることがあります。
　そして、発行会社が一株に満たない端数を取得した場合であっても、みなし配当が生じません。このように、自己株式の取得に該当する場合であっても、みなし配当が生じないという特例は、反対株主の株式買取請求や単元未満株式の買取請求にも見受けられます（法法24①五、法令23③九、所法25①五、所令61①九）。この点については、第14章で解説します。

5 おわりに

　本章では、株式併合、株式分割および株式無償割当てについて解説しました。第22章で解説するように、株式無償割当てに類似した制度として、新株予約権無償割当ての制度も定められています（会法277）。

　本章で解説した内容のうち、株式併合と株式分割については、上場企業だけでなく、中小企業においても利用されているため、きちんと理解しておきましょう。

CHALLENGE!

株式併合、株式分割および株式無償割当てを行った場合には、原則として、一株に満たない端数が生じる場合を除き、株主において課税上の問題が生じません。

それでは、発行会社においては、法人税、住民税および事業税の計算上の影響はあるのでしょうか。考えてみましょう。

第 8 章

租税法上の時価って何だろう?
～取引相場のない株式の評価～

非上場株式の評価には、支配株主にとっての株式価値と少数株主にとっての株式価値があったよね（第3章）。ひょっとしたら、租税法上の時価を算定する場合にも、支配株主にとっての株式価値と少数株主にとっての株式価値があるのかもしれないね。

たしかに、それはあるのかもしれないね。オーナーから後継者が非上場株式の相続をする場合と少数株主から相続人が非上場株式の相続をする場合とでは、相続財産としての価値が全然違うだろうし。でも、法人税や所得税が問題になる場合にも、同じように考えていいのかな？

相続税法の勉強をしたときに、財産評価基本通達について学んだわ。たしかに、取引相場のない株式の評価という論点はあったけど、法人税法や所得税法の勉強をしたときには、そんな論点はなかった気がするわ。法人税や所得税の時価はどのように計算するんだろう？

皆さんは、租税法上の時価をどのように計算するのか知っていますか？マヤの言うように、財産評価基本通達には取引相場のない株式の評価について定められています。

これに対し、法人税基本通達および所得税基本通達においても、非上場株式の時価についての定めがありますが、税理士の受験勉強ではあまり習わないのかもしれませんね。

第10章で解説するように、法人税基本通達および所得税基本通達では、財産評価基本通達を準用することを認める規定があります。本章では、財産評価基本通達に定める取引相場のない株式の評価について解説します。

1 概 要

財産評価基本通達では、以下に分けて規定されています。

(1) **原則的評価方式**（財基通178〜187）

(2) **特例的評価方式**（財基達188〜188-2）

このうち、原則的評価方式は支配株主にとっての株式価値で評価する方式であり、特例的評価方式は少数株主にとっての株式価値で評価する方式であるといえます。

なお、**財産評価基本通達6項**において、この通達の定めによって評価することが**著しく不適当**と認められる財産の価額は、国税庁長官の指示を受けて評価する旨が定められています。

2 原則的評価方式

(1) 概 要

財産評価基本通達では、非上場会社（評価会社）を**大会社**、**中会社**および**小会社**の3つに分類したうえで、以下の方法により評価を行うこととされています（財基通179）。

① **大会社**

類似業種比準方式、純資産価額方式のいずれか低い金額

② **中会社**

併用方式*1、純資産価額方式のいずれか低い金額

③ **小会社**

併用方式*2、純資産価額方式のいずれか低い金額

*1 類似業種比準価額×L＋純資産価額×（1−L）により計算します。算式中のLの折衷割合については、①総資産価額（帳簿価額によって計算した金額）および従業員数、または②直前期末以前1年間における取引金額に応じて、0.90、0.75、0.6の折衷割合を使用します。基本的には、規模が大きくなればなるほど、類似業種比準価額の折衷割合が大きくなるように規定されています。

*2 類似業種比準価額×0.5＋純資産価額×0.5により計算します。

規模が大きくなればなるほど、類似業種比準方式の折衷割合が引き上げられるけど、純資産価額方式による評価額が下限になるんだね。

(2) 会社規模の判定

　財産評価基本通達において、評価会社が大会社、中会社または小会社のいずれかに該当するのかについては、**総資産価額、従業員数**または**取引金額**を判定基礎として、次の表のとおりに定められています（財基通178）。

規模区分	区分の内容		総資産価額（帳簿価額によって計算した金額）および従業員数	直前期末以前1年間における取引金額
大会社	従業員数が70人以上の会社または右のいずれかに該当する会社	卸売業	20億円以上（従業員数が35人以下の会社を除きます。）	30億円以上
		小売・サービス業	15億円以上（従業員数が35人以下の会社を除きます。）	20億円以上
		その他	15億円以上（従業員数が35人以下の会社を除きます。）	15億円以上
中会社	従業員数が70人未満の会社で右のいずれかに該当する会社（大会社に該当する場合を除きます。）	卸売業	7,000万円以上（従業員数が5人以下の会社を除きます。）	2億円以上 30億円未満
		小売・サービス業	4,000万円以上（従業員数が5人以下の会社を除きます。）	6,000万円以上 20億円未満
		その他	5,000万円以上（従業員数が5人以下の会社を除きます。）	8,000万円以上 15億円未満
小会社	従業員数が70人未満の会社で右のいずれにも該当する会社	卸売業	7,000万円未満または従業員数が5人以下	2億円未満
		小売・サービス業	4,000万円未満または従業員数が5人以下	6,000万円未満
		その他	5,000万円未満または従業員数が5人以下	8,000万円未満

ユウタ

従業員数が70人以上であれば、総資産価額および取引金額を検討するまでもなく、大会社に該当するんだね。

(3) 類似業種比準方式

　類似業種比準価額とは、以下の算式によって計算した金額をいいます（財基通180）[*3]。

【類似業種比準価額方式の計算】

$$A \times \cfrac{\cfrac{b}{B} + \cfrac{c}{C} + \cfrac{d}{D}}{3} \times E$$

【各計算要素】

　A：**類似業種の株価**[*4]

　B：課税時期の属する年の類似業種の1株当たりの配当金額

　b：評価会社の1株当たりの**配当金額**

　C：課税時期の属する年の類似業種の1株当たりの年利益金額

　c：評価会社の1株当たりの**利益金額**

　D：課税時期の属する年の類似業種の1株当たりの簿価純資産価額

　d：評価会社の1株当たりの**簿価純資産価額**

　E：大会社の場合には0.7、中会社の場合には0.6、小会社の場合には0.5

　評価会社の配当金額、利益金額および簿価純資産価額の計算方法は、以下のとおりです（財基通183）。

① 配当金額

　1株当たりの配当金額＝剰余金の配当金額÷発行済株式総数

【留意事項】

　・　剰余金の配当金額は、直前期末以前**2年間**におけるその会社の剰余金の配当金額を平均した金額とします。

　・　剰余金の配当金額から、特別配当、記念配当等の名称による配当金額のうち、将来毎期継続することが予想できない金額を除いて計算します。

*3　厳密には、1株当たりの資本金等の額を50円とした場合の金額として計算しますが、簡便化のために省略しています。

*4　類似業種の株価は、課税時期の属する月以前3か月間の各月の類似業種の株価のうち最も低いものとします。ただし、納税義務者の選択により、類似業種の前年平均株価または課税時期の属する月以前2年間の平均株価によることができます（財基通182）。

② 利益金額

1株当たりの利益金額＝法人税の課税所得金額÷発行済株式総数

【留意事項】

・　課税所得金額は、直前期末以前**1年間**における法人税の課税所得の金額を基礎に計算します。ただし、納税義務者の選択により、直前期末以前**2年間**の各事業年度の法人税の課税所得金額の平均値とすることができます。

・　課税所得金額は、以下のように調整計算する必要があります。なお、下記の調整計算の結果、マイナスの金額になる場合には、1株当たりの利益金額を0として類似業種比準価額の計算を行います。

> 　　　法人税の課税所得の金額
>
> ー）非経常的な利益の金額*5*6
>
> ＋）所得の計算上益金の額に算入されなかった利益の配当等の額（所得税額に相当する金額を除きます。）
>
> ＋）損金の額に算入された繰越欠損金の控除額
> ーーーーーーーーーーーーーーーーーーーーーーーーー
> 　　　調整後の課税所得金額

③ 簿価純資産価額

1株当たりの簿価純資産価額
＝直前期末の簿価純資産価額÷発行済株式総数

【留意事項】

・　会計上の簿価純資産価額ではなく、法人税法上の簿価純資産価額により計算します。

・　簿価純資産価額がマイナスになる場合には、1株当たりの簿価純資産価額を0として類似業種比準価額の計算を行います。

＊5　課税所得金額の計算の基礎となった非経常的な損失の金額については、非経常的な利益の金額と異なり、特段の調整は必要ありません。そのため、非経常的な利益の金額が非経常的な損失の金額を上回っている場合を除き、非経常的な損失を多額に生じさせた場合には、利益金額を減少することができます。

＊6　非経常的な利益と非経常的な損失の両方がある場合には、相殺した後の金額が調整の対象になります。すなわち、非経常的な利益の金額が100、非経常的な損失の金額が60の場合には、差額の40のみを課税所得金額から減算します。そして、非経常的な利益の金額が100、非経常的な損失の金額が300の場合には、特段の調整は必要ありません。

(4) 純資産価額方式

① 基本的な取扱い

純資産価額とは、評価会社のすべての資産および負債を財産評価基本通達に基づいて計算し、1株当たりの時価純資産価額を算定することにより計算した金額をいいます（財基達185）。

そして、含み益の37％に相当する金額を**評価差額に対する法人税等に相当する金額**として時価純資産価額から控除することができます（財基通186-2）。そのため、時価純資産価額が500、簿価純資産価額が100である場合には、含み益400の37％である148が評価差額に対する法人税等に相当する金額として取り扱われることから、純資産価額は352になります[*7]。

② 株式の取得者とその同族関係者の有する議決権の数が議決権総数の50％以下である場合

株式の取得者とその同族関係者の有する議決権の数が議決権総数の**50％以下**である場合は**時価純資産価額の80％**を純資産価額とします（財基通185但書）。

この評価減は、小会社における純資産価額方式および折衷方式、中会社における折衷方式の算式中の「1株当たりの純資産価額」において認められています。ただし、大会社における類似業種比準方式に代えて用いる純資産価額、中会社における併用方式の算式中の類似業種比準価額に代えて用いる純資産価額においては認められていません[*8]。

③ 内国子法人株式の評価

評価会社が有する内国子法人株式についても、財産評価基本通達に従って計算します。すなわち、原則的評価方式であれば、大会社、中会社または小会社のそれぞれの評価方法、特例的評価方式であれば、後述する配当還元方式に基づいて評価を行います。

しかしながら、当該内国子法人株式を純資産価額方式または併用方式により評価を行う場合には、**評価差額に対する法人税等に相当する金額を時価純資産価額から控除することができません**（財基通186-3）。

*7　過去に組織再編成を行っていた場合には、評価差額に対する法人税等に相当する金額の計上が認められないことがあります（財基通186-2(2)）。
*8　加藤千博『平成31年版株式・公社債評価の実務』226頁（大蔵財務協会、平成31年）。

④　外国子法人株式

　評価会社が有する外国子法人株式を類似業種比準方式に準じて評価することはできないため、**純資産価額方式**により計算します[*9]。

*9　国税庁HP質疑応答事例（国外財産の評価−取引相場のない株式の場合(1)）。

(5)特定の評価会社の株式

　財産評価基本通達189項では、前述の評価方法が馴染まない株式として、以下のものを定めています。

①　比準要素数1の会社の株式

　以下のいずれにも該当する場合には、類似業種比準方式を採用することができないため、**純資産価額方式**により計算します（財基通189(1)、189-2)。ただし、納税義務者の選択により、**類似業種比準価額×0.25＋純資産価額×0.75の併用方式**により計算することも認められています。

- 評価会社の1株当たりの配当金額、1株当たりの利益金額および1株当たりの簿価純資産価額のいずれか2つが0であること。
- 直前々期末を基準にしてそれぞれの金額を計算した場合において、それぞれの金額のうち、いずれか2つ以上が0であること。

マヤ　株価対策をやり過ぎて、配当金額と利益金額が0になってしまうと、むしろ不利になることがあるんだね。

②　比準要素数0の会社の株式

　評価会社の1株当たりの配当金額、1株当たりの利益金額および1株当たりの簿価純資産価額のそれぞれの金額のすべてが0である場合には、類似業種比準方式を採用することができないため、**純資産価額方式**により計算します（財基通189(4)ロ、189-4)。

③ 株式等保有特定会社の株式

株式等保有特定会社とは、評価会社の総資産価額（相続税評価額）に占める株式、出資および新株予約権付社債の価額の合計額（相続税評価額）の割合が50％以上である会社をいいます（財基通189(2)）。

株式等保有特定会社に該当した場合には、類似業種比準方式を採用することができないため、**純資産価額方式**により計算します（財基通189-3）。

ただし、納税義務者の選択により、**S1＋S2方式**も認められています。S1、S2の定義は以下のとおりです。

S1：株式等保有特定会社が保有する**株式等とその株式等の受取配当がないものとして計算した場合**のその会社の原則的評価方法による評価額

S2：株式等保有特定会社が保有する**株式等のみをその会社が有する資産であるものとした場合**の1株当たりの純資産価額

④ 土地保有特定会社の株式

土地保有特定会社とは、評価会社の有する総資産価額（相続税評価額）に占める土地等の価額の合計額（相続税評価額）の割合が、以下の割合以上である場合における会社をいいます（財基通189(3)）。

イ．大会社の場合：70％以上

ロ．中会社の場合：90％以上

ハ．小会社の場合：下表のとおりです。

業　種	総資産価額	割　合
卸売業	20億円以上	70％以上
	7,000万円以上20億円未満	90％以上
小売業・サービス業	15億円以上	70％以上
	4,000万円以上15億円未満	90％以上
その他	15億円以上	70％以上
	5,000万円以上15億円未満	90％以上

土地保有特定会社に該当した場合には、類似業種比準方式を採用することができないため、**純資産価額方式**により計算します（財基通189-4）。

⑤ 開業後3年未満の会社の株式

開業後3年未満の会社に該当した場合には、類似業種比準方式を採用することができないため、**純資産価額方式**により計算します（財基通189(4)イ、189-4）。

⑥ その他

下記のものについて特定の評価会社として定められていますが、本書においては詳細な解説は省略します。

- 開業前または休業中の会社
- 清算中の会社

3 特例的評価方式

*10　1銭未満切捨て。

同族株主以外の株主等が取得した株式には、**特例的評価方式（配当還元方式）** が認められています（財基通188）。

ただし、原則的評価方式による評価額のほうが特例的評価方式による評価額よりも小さい場合には、原則的評価方式による評価額により評価を行います（財基通188-2）。

具体的な計算方法は、以下のとおりです。

【特例的評価方式の計算式】

$$1株当たり配当還元価額 = \frac{その株式に係る1株（50円）当たりの年平均配当金額（A）}{10\%} \times \frac{その株式の1株当たりの資本金等の額}{50円}$$

$$A^{*10} = \frac{直前期末以前2年間の配当金額合計 \div 2}{直前期末の資本金等の額 \div 50円}$$

【留意事項】

- 年配当金額は直前期末以前2年間の平均により計算します。
- 配当金額の中には、特別配当、記念配当等の非経常的な配当は含めません。
- その他資本剰余金を原資とする配当を除きます。

・　1株当たりの資本金等の額を50円に換算したときの1株当たり配当金額（Aの金額）が2円50銭未満になったもの、または無配のものについては2円50銭とします。
・　比準要素数1の会社の株式、比準要素数0の会社の株式、株式等保有特定会社の株式、土地保有特定会社の株式および開業後3年未満の会社の株式であっても、特例的評価方式により評価を行うことができます。ただし、開業前または休業中の会社の株式、清算中の会社の株式については、特例的評価方式の適用が認められていません。

同族株主以外の株主等が取得した株式として、特例的評価方式が認められている株式は、次のいずれかに該当する株式をいいます（財基通188）。
①　同族株主のいる会社の株式のうち、同族株主以外の株主の取得した株式
②　中心的な同族株主のいる会社の株主のうち、中心的な同族株主以外の同族株主で、その者の株式取得後の議決権の数がその会社の議決権総数の5％未満であるもの（評価会社の役員である者および役員となる者を除きます。）の取得した株式
③　同族株主のいない会社の株主のうち、課税時期において株主の1人およびその同族関係者の有する議決権の合計数が、その会社の議決権総数の15％未満である場合におけるその株主の取得した株式
④　中心的な株主がおり、かつ、同族株主のいない会社の株主のうち、課税時期において株主の1人およびその同族関係者の有する議決権の合計数がその会社の議決権総数の15％以上である場合におけるその株主で、その者の株式取得後の議決権の数がその会社の議決権総数の5％未満であるもの（評価会社の役員である者および役員となる者を除きます。）の取得した株式

4 おわりに

　本章では、財産評価基本通達に定める取引相場のない株式の評価
について解説しました。

　ただし、本章では基本的な内容のみを解説しています。相続税の
仕事に関与される方々は、より細かな知識が必要になりますので、
他の書籍を参考に知識を深めていきましょう。

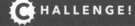

類似業種比準価額において、類似業種の株価、配当金額、利益金額および簿価純資産価額はど
のように計算したらよいのでしょうか。調べてみましょう。

第**9**章 どんな税金があるんだろう?
～法人税、所得税、相続税および贈与税の概要～

税理士法人で働いている先輩から、法人税だけじゃなくて、消費税と事業税もきちんと勉強しなさいと言われたよ。でも、資産税専門の税理士法人で働いている先輩からは、相続税をきちんと勉強しなさいと言われたんだ。一体、どちらが正しいんだろう?

監査法人で働いている先輩からも、消費税と事業税については押さえておくように言われたけど、相続税については言われなかったな。たぶん、事業承継とか株主対策をやるなら、相続税もきちんと勉強する必要があるんだろうけど、監査法人にはそういう仕事はないみたいだし。

最近は、大手法律事務所でも事業承継コンサルティングをしているところがあるんだよ。どうやら、相続税だけでなく、譲渡所得の知識も必要になるみたいなんだ。株主対策ということだと、所得税と相続税もきちんと勉強しておく必要があるのかもしれないね。

皆さんは、株主対策や資本戦略でどのような税金がかかるのか知っていますか?

株主が法人であれば法人税、個人であれば所得税が問題になります。そのほか、第11章以降で解説するように、資本金等の額が増加すると、住民税均等割、事業税資本割が増加する可能性がありますし、登記が必要になる場合には、登録免許税が発生します。

そして、株主対策においては、株主間贈与が行われているかどうかという点が問題になります。法人である株主が贈与を受けている場合には法人税、個人である株主が贈与を受けている場合には所得税または贈与税が問題になります。さらに、贈与をした法人または個人において、みなし譲渡益が生じることがあります（第10章参照）。

1 法人税の概要

(1) 繰越欠損金

法人税の計算は、事業年度ごとに行われることから、原則として、ある事業年度の利益と他の事業年度の損失とを相殺することはできません。しかし、青色申告法人では、**9年～10年間**[*1] の繰越欠損金の繰越しが認められており、ある事業年度で発生した損失は、将来の事業年度における課税所得と相殺することを認めています（法法57①）。

なお、平成27年度税制改正により、中小法人[*2] に該当しない場合には、繰越欠損金を利用しようとする事業年度の**課税所得の50%**までしか繰越欠損金を使用することができなくなりました[*3]。

コウジ

> 株式譲渡益があっても、繰越欠損金があれば、課税されないということもありそうだね。

(2) 受取配当等の益金不算入

内国法人が他の内国法人から配当金を受領した場合には、**受取配当等の益金不算入**の適用があります。ここでいう「益金不算入」とは、収益から除外して、法人税の課税所得の計算を行うという意味になります。

受取配当等の益金不算入は、他の内国法人で課税済みのその他利益剰余金について分配を受けることから、二重課税を回避するための規定であるといえます。

[*1] 平成30年4月1日以後に開始する事業年度において発生した繰越欠損金の繰越期間は10年とされており、その前に発生した繰越欠損金の繰越期間は9年とされています。
[*2] 中小法人とは、資本金の額または出資金の額が1億円以下であるもの（大法人の子会社等を除きます。）をいいます。
[*3] 令和3年度税制改正により、産業競争力強化法に規定されている事業適応計画の認定を受けた場合には、課税所得の50%を超えて繰越欠損金を使用することができるようになりました（措法66の11の4）。しかし、事業適応計画の認定を受ける必要があるので、この特例を適用する事案はそれほど多くはないと思われます。

受取配当等の益金不算入

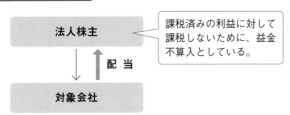

法人株主 ← 課税済みの利益に対して課税しないために、益金不算入としている。

↑ 配当

対象会社

しかし、100％子会社からの配当であればともかくとして、それ以外の場合には、受取配当金に対応する負債利子が発生していることや、株式譲渡益と区別して課税関係を成立させる必要もないものもあるため、**完全子法人株式等**[*4]、**関連法人株式等**[*5]、その他の株式等、非支配目的株式等に分けて計算を行います。具体的な受取配当等の益金不算入の計算は以下のとおりです。

【完全子法人株式等】

受取配当金の金額の総額が益金不算入額となります。

【関連法人株式等】

受取配当金の金額－控除負債利子＝益金不算入額

控除負債利子＝支払利子×関連法人株式等の帳簿価額／総資産価額[*6]

【それ以外の株式等】

受取配当金の金額×50％＝益金不算入額

【非支配目的株式等】

受取配当金の金額×20％＝益金不算入額

このように、受取配当金に対しては、受取配当等の益金不算入が適用されることから、他の利益に比べて、税負担を圧縮することができます[*7]。

*4 完全子法人株式等とは、配当等の額の計算期間を通じて、内国法人との間に完全支配関係があった他の内国法人の株式または出資をいいます（法法23⑤、法令22の2）。

*5 関連法人株式等とは、配当等の額の計算期間を通じて、内国法人が他の内国法人の発行済株式総数の3分の1を超える数の株式を引き続き有している場合における当該株式をいいます（法法23⑥、法令22の3）。ただし、発行済株式総数の3分の1を超える数の株式を取得してから、6か月が経過した段階で、関連法人株式等に該当するという特例が認められています。なお、令和2年度税制改正により、令和4年4月1日以後に開始する事業年度からは、100％グループ内の法人全体の保有株式数により判定することになったため、注意しましょう。

*6 令和2年度税制改正により、令和4年4月1日以後に開始する事業年度からは、控除負債利子の金額が関連法人株式等に係る配当等の額の100分の4に相当する金額になりました。ただし、その事業年度において支払う負債利子額の10分の1に相当する金額が上限とされています。

*7 受取配当等の益金不算入については、短期所有株式等の特例（法法23②）、自己株式取得予定株式等の特例（法法23③）、特定関係子法人から受ける配当等の額が株式等の帳簿価額の10％を超える場合の特例（法令119の3⑦〜⑬）がありますが、本書においては、これらの解説は行いません。

マヤ 株主が内国法人の場合には、受取配当等の益金不算入が論点になりそうね。

✕ 失敗事例 ✕

　所得税法上、受取配当金に対して源泉所得税が課されます（所法181②）。源泉所得税は、税金の前払い的な性格のものなので、法人税法上、株主が内国法人の場合には、原則として、確定申告から支払うべき法人税額から控除することが認められています（法法68）。源泉所得税に相当する金額を法人税額から控除する制度を**所得税額控除**といいます。

　しかし、配当計算期間の一部について株式を保有していない場合、例えば、他の株主から株式を取得してから1年以内に配当を行った場合には、所得税額控除の一部が認められないことがあります。

　実際に、株式を購入してから2～3か月で発行会社の余剰資金を配当した結果、所得税額控除の一部が認められなかった事案がありますので、注意しましょう。

(3) 株式譲渡損益

　受取配当金と異なり、株式譲渡損益に対しては、法人税法61条の2第1項において、株式譲渡益を益金の額に算入し、株式譲渡損を損金の額に算入すると規定されていることから、株式譲渡益が発生した場合には、**法人税、住民税および事業税が課され**、株式譲渡損が発生した場合には、他の課税所得と相殺することにより、**法人税、住民税および事業税の負担を軽減する**ことができます。

　なお、完全支配関係のある内国法人のみなし配当事由[8]により生じた株式譲渡損益については、損金の額または益金の額に算入せず（法法61の2⑰）、**資本金等の額の増減項目**として取り扱います（法法2十六、法令8①二十二）。

*8　自己株式の取得、その他資本剰余金の配当、残余財産の確定のように、法人税法24条1項に規定されている「みなし配当が生じる事由」のことをいいます。

2 所得税の概要

　実務上、発行法人の株主が、法人ではなく、個人である場合もあります。この場合には、法人税ではなく、所得税の検討をする必要があります。

　なお、現在における最高税率は55％（所得税45％、住民税10％）ですが、当面の間は、所得税に対して2.1％分の金額が復興特別所得税として課税されるため、上記の最高税率は**55.945％**になります。

(1)配当所得

　居住者が内国法人から配当を受け取った場合には、**配当所得**として課税されます（所法24①）。また、通常の利益配当のほか、**みなし配当**も配当所得に含まれます（所法25①）。もし、多額の配当所得が生じた場合には、配当所得に対する実効税率は**49.44％**となります。

● **配当所得の計算**

　　配当所得は、給与所得、事業所得、不動産所得等と合算して、**総合課税（累進課税）** の適用を受けます。そのため、それぞれの株主の所得金額によって税額が異なります。

　　もし、多額の配当所得が発生した場合には、配当所得のほとんどに対して、最高税率である55％（所得税率45％、住民税率10％）の課税が発生します。

● **配当控除**

　　配当所得が発生した場合には、発行法人ですでに課税された後のその他利益剰余金を原資として支払われたものであることから、二重課税を排除するため、**配当控除**の適用が認められています（所法92）。

　　そして、配当控除の計算は、それぞれの課税所得、配当所得の金額によって異なります。もし、一時に多額の配当所得が生じる場合には、配当所得の6.4％（所得税率5％、住民税率1.4％）しか税額控除を受けられないことがほとんどです。

●配当所得に対する実効税率

このように、配当所得に対する最高税率は48.6％（所得税40％、住民税8.6％）になります。そして、当面の間は、所得税に対して2.1％分の金額が復興特別所得税として課税されるため、上記の最高税率は**49.44％**となります。

(2) 譲渡所得

株式譲渡益に対しては、**譲渡所得**として課税されます。すなわち、**分離課税（固定税率）**の適用を受け、その場合の税率は20％（所得税率15％、住民税率5％）となります（措法37の10①、地法附則35の2①⑨）。そして、当面の間は、所得税に対して2.1％分の金額が復興特別所得税として課税されるため、上記の税率は**20.315％**になります*9。

これに対し、株式譲渡損が発生した場合には、株式譲渡損がなかったものとみなされるため、給与所得等の他の課税所得と相殺することはできません（措法37の10①、地法附則35の2①⑨）。

ユウタ：配当所得も譲渡所得も、法人税と全然違うじゃないか！

*9 「土地譲渡類似株式等の譲渡を行った場合」には、上記の税率が39％（所得税30％、住民税9％）になります（措法32①②）。そして、当面の間は、所得税に対して2.1％分の金額が復興特別所得税として課税されるため、上記の税率は39.63％となります。
「土地譲渡類似株式等」とは、以下のいずれかに該当するものをいいます（措令21③）。なお、以下の「土地等」は土地もしくは土地の上に存する権利をいうことから、建物は含まれません。
① その有する資産の価額の総額のうちに占める短期保有土地等（取得をした日の翌日から株式の譲渡をした日の属する年の1月1日までの所有期間が5年以下であるもの、および株式の譲渡をした日の属する年に取得をしたものをいいます。）の価額の合計額の割合が100分の70以上である法人の株式等
② その有する資産の価額の総額のうちに占める土地等の価額の合計額の割合が100分の70以上である法人の株式のうち、次のいずれかに該当するもの
（i）その年の1月1日において個人がその取得をした日の翌日から引き続き所有していた期間が5年以下である株式
（ii）その年中に取得をした株式

3 相続税および贈与税

相続または遺贈*10により財産を取得した場合には、その取得した財産の価格を課税標準として相続税が課されます（相法1の3①）。ただし、相続税には、**3,000万円＋600万円×法定相続人の数**の基礎控除が認められています（相法15①）。

そして、相続税の補完税として贈与税が設けられており、生前贈

*10 死因贈与を含みます。

与により財産を取得した場合には、その取得した財産の価格を課税標準として贈与税が課されます（相法1の4①）。さらに、贈与税にも基礎控除が認められており、**1人に対して1年間**[*11]**にもらった財産の合計額**につき、**110万円**の基礎控除が認められています（相法21の5、措法70の2の4①）。

*11 1月1日から12月31日の暦年で計算します。

株主対策において贈与税が問題となるのは、株主間贈与が生じる場合です（相法9）。すなわち、合併法人の主要株主が父親であり、被合併法人の主要株主が長男である場合において、被合併法人にとって有利な合併比率であるときは、父親から長男に対する贈与があったと考えられます。そのため、株主間贈与に対する贈与税が問題になります。

このような問題は、株式譲渡（第10章）、増資（第11章）、自己株式の取得（第14章）、株式交換・移転（第16章、第18章）などにおいても生じます。ただし、一方の当事者または双方の当事者が法人である場合には、贈与税でなく、法人税または所得税の問題になります。この点については、第10章において解説します。

4 おわりに

　本章では、法人税、所得税、相続税および贈与税の概要について解説しました。法人税および所得税においては、株式譲渡益なのか、受取配当金なのかが問題になるということが理解できたと思います。

　さらに、株主対策の税務においては、株主間贈与における取扱いが重要になります。次章以降では、株主間贈与における取扱いを意識しながら理解を進めてください。

CHALLENGE!

　かなり稀なケースですが、内国法人である株主が同族会社等の留保金課税の適用を受ける場合には、繰越欠損金と株式譲渡益の相殺、受取配当等の益金不算入を行ったとしても、留保金課税が課されることがあります。それはどういったものでしょうか。調べてみましょう。

第 10 章

いくらで売ったらいいんだろう?
～株式譲渡～

コウジ

上杉社長が株式を買い戻したいと言っていたよ。先代が少数株主に株式を分散させることで、相続税対策をしてくれたらしいんだけど、事業承継税制ができて分散させておく必要がなくなったから、少数株主から買い戻してから後継者に事業承継をしたいらしいんだ。

ユウタ

たしかに、少数株主から買い戻したほうが、後継者にとっても経営がしやすいだろうね。でも、買い戻すときは、どうやって時価を算定すればいいんだろう? 少数株主にとっては特例的評価かもしれないけど、支配株主にとっては原則的評価だよね。

マヤ

言われてみれば不思議だわ。少数株主からすると、原則的評価で取得するお金もないだろうから、きっと特例的評価で取得していると思うんだけど、買い戻すときも特例的評価でいいのかしら?

サトウ
先生

皆さんは、非上場株式の評価をどのように行うのか知っていますか?
利害の対立する第三者間取引であれば、原則として、当事者間で合意された価額が時価になるので問題ありませんが、利害関係者から買い取る場合には、相続税評価額により時価を算定することが一般的です。
第8章で解説したように、相続税評価額には、原則的評価方式と特例的評価方式があります。そのため、いずれにより評価をするのかという点が非常に重要になってきます。
さらに、適用される租税法が、相続税法なのか、それとも法人税法または所得税法なのかという問題があります。なぜなら、相続税法は個人から個人に対する贈与に対して適用されるのに対し、一方の当事者または双方の当事者が法人である場合には、法人税法または所得税法が適用されるからです。

1 租税法の体系

　租税法では、**低廉譲渡**が行われた場合の課税関係が問題となります。実務上、第三者間取引と認められない場合には、租税法上の問題が生じないように、財産評価基本通達に定める評価額で売買されることが一般的です。

　租税法上、譲渡人、譲受人が個人であるのか、法人であるのかにより適用される法律が以下のように異なります。

(1) 譲渡人と譲受人の双方が個人である場合

● 譲渡人である個人

　　取引価額が時価を下回ったとしても、**実際の取引価額**を収入金額として譲渡所得の計算を行います。

● 譲受人である個人

　　取引価額が時価を下回る部分の金額に対して、**贈与税**が課されるかどうかが問題となります[*1]。

　このように、支配株主から従業員や取引先に対して、特例的評価方式で譲渡をしたとしても、譲受人である従業員や取引先にとっては、特例的評価方式が時価であることから、贈与税の問題は生じません[*2]。

　しかし、支配株主が買い戻す場合において、特例的評価方式を取引価額としてしまうと、支配株主にとっては原則的評価方式が時価になることから、譲受人である支配株主において贈与税が課されます[*3]。

マヤ：支配株主から少数株主に対して特例的評価方式で譲渡した場合であっても、支配株主が少数株主から買い戻すときは、原則的評価方式でないと贈与税が課されてしまうんだね。

*1　民法上、著しく低い価額で財産の譲渡を受けたとしても、贈与には該当しませんが、相続税法7条では、著しく低い価額で財産の譲渡を受けた場合には、時価と譲渡対価との差額に対して贈与税が課されることが明らかにされています。
*2　森富幸『取引相場のない株式の税務』151頁(日本評論社、第4版、平成30年)、牧口晴一・齋藤孝一『非公開株式譲渡の法務・税務』291頁(中央経済社、第6版、令和1年)。
*3　森前掲(注2)152頁、牧口ほか前掲(注2)292-293頁。

（2）譲渡人が個人であり、譲受人が法人である場合

● 譲渡人である個人

　時価の2分の1に満たない価額で譲渡をした場合には、譲渡人である個人において、**時価で譲渡を行ったものとみなして譲渡所得の計算を行う**必要があります（所法59①二、所令169）*4。

● 譲受人である法人

　取引価額が時価を下回る部分の金額に対して、**受贈益として法人税が課される**かどうかが問題となります（法法22②）。

*4　ただし、同族会社等の行為計算の否認が適用される場合には、時価の2分の1以上の価額で譲渡を行った場合であっても、時価で譲渡を行ったものとみなして譲渡所得の計算を行う必要があります（所基通59-3）。

　法人に対する譲渡の場合には、個人に対する譲渡の場合と異なり、時価で譲渡したものとみなされてしまうんだね。

【条文をチェックしよう】

　譲受人が個人である場合と譲受人が法人である場合とで、譲渡人である個人における税務上の取扱いが異なります。このような違いが生じる理由は、所得税法59条1項の条文において、「法人に対するものに限る」と規定されているからです。

● **所得税法59条1項**

　次に掲げる事由により居住者の有する山林（事業所得の基因となるものを除く。）又は譲渡所得の基因となる資産の移転があった場合には、その者の山林所得の金額、譲渡所得の金額又は雑所得の金額の計算については、その事由が生じた時に、その時における価額に相当する金額により、これらの資産の譲渡があったものとみなす。

　一　贈与（**法人に対するものに限る。**）又は相続（限定承認に係るものに限る。）若しくは遺贈（法人に対するもの及び個人に対する包括遺贈のうち限定承認に係るものに限る。）

　二　著しく低い価額の対価として政令で定める額による譲渡（**法人に対するものに限る。**）

（3）譲渡人が法人であり、譲受人が個人である場合

● **譲渡人である法人**

　　時価の2分の1に満たない価額で譲渡をした場合であっても、時価の2分の1以上の価額で譲渡した場合であっても、法人税の計算上、**時価で譲渡を行ったものとみなして譲渡損益の計算を行う**必要があります（法法61の2①一）。

● **譲受人である個人**

　　取引価額が時価を下回る部分の金額に対して、**受贈益として所得税が課される**かどうかが問題となります（所法36①）。

　　時価の2分の1以上の価額で譲渡をした場合には、法人税と所得税で取扱いが違ってくるんだね。

（4）譲渡人と譲受人の双方が法人である場合

● **譲渡人である法人**

　　時価の2分の1に満たない価額で譲渡した場合であっても、時価の2分の1以上の価額で譲渡した場合であっても、法人税の計算上、**時価で譲渡を行ったものとみなして譲渡損益の計算を行う**必要があります（法法61の2①一）。

● **譲受人である法人**

　　取引価額が時価を下回る部分の金額に対して、**受贈益として法人税が課される**かどうかが問題となります（法法22②）。

　このように、譲渡人、譲受人が個人であるのか、法人であるのかにより適用される法律が異なります。もっとも、財産評価基本通達は相続税法の通達であり、法人税法、所得税法の通達ではありません。そのため、後述するように、法人税基本通達、所得税基本通達において、それぞれ財産評価基本通達を準用することができる旨が定められています。

2　相続税法上の評価

　第8章で解説したように、財産評価基本通達178〜187では、**原則的評価方式**[*5]を定めるとともに、同族株主以外の株主等が取得した株式に対しては同通達188〜188-2において**特例的評価方式**[*6]を用いることを認めています。

　このうち、原則的評価方式は支配株主にとっての株式価値を評価する方式であり、特例的評価方式は少数株主にとっての株式価値で評価する方式であるといえます。

　そして、支配株主に該当するのか、少数株主に該当するのかは、贈与を受けた側の**贈与直後の状態**で判定されます[*7]。

*5　類似業種比準方式、純資産価額方式または折衷方式で評価を行う手法をいいます。
*6　配当還元方式により評価を行う手法をいいます。
*7　加藤千博『株式・公社債評価の実務』123-124頁（大蔵財務協会、平成31年）。

3　法人税法上の評価

　法人税法では、法人税基本通達2-3-4により準用される同通達4-1-5、4-1-6において譲渡人の取扱いが定められています。なお、譲受人の取扱いを直接的に定めた通達はありませんが、実務上、同通達が準用されています。

　法人税基本通達4-1-5では、①6か月以内の売買事例があるもの、②公開途上にあるもの、③類似会社のあるもの、④それ以外に分けて評価方法が定められ、同通達4-1-6では、**③④の代わり**として、課税上弊害がない限り、**財産評価基本通達に定める原則的評価方式、特例的評価方式によって算定する**ことを認めています。ただし、下記の修正を行う必要があります。

（ⅰ）原則的評価方式による場合には**小会社**に該当するものとして評価を行います。そのため、**折衷割合を１対１とした折衷方式と純資産価額方式のいずれか低い評価額**で評価を行います。

（ⅱ）土地[*8]または上場有価証券を有している場合には、**算定基準日の時価**による必要があります[*9]。そのため、土地の評価において路線価を利用することはできません。

（ⅲ）純資産価額の評価に当たり、財産評価基本通達186-2により計算した**評価差額に対する法人税額等に相当する金額**を控除することはできません。

*8　土地の上に存する権利を含みます。
*9　上場有価証券は、算定基準日の時価により算定することから、財産評価基本通達169(1)にあるような「最終価格の月平均額」を用いることはできません。

実務上、上記①〜③に該当することはほとんどありません。そのため、④に該当する事案がほとんどですが、法人税基本通達4-1-5では、「1株当たりの純資産価額等を参酌して通常取引されると認められる価額」と規定されています。

すなわち、同通達4-1-5では、時価純資産価額で評価することを認め、同通達4-1-6では、財産評価基本通達を準用することにより評価することを認めているということが分かります。

4 所得税法上の評価

　所得税法では、所得税基本通達23〜35共-9、59-6において譲渡人の取扱いが定められています。具体的に定められている内容は法人税基本通達と大きくは変わりませんが、原則的評価方式と特例的評価方式のいずれを採用するかどうかを**譲渡直前の議決権の数**により判定することが、明確に定められています。

　そして、譲受人の取扱いは、所得税基本通達23〜35共-9に定められているとする考え方[10]と、明確な規定がないとする考え方があります[11]。ただし、両者のいずれの考え方を採用したとしても、同通達59-6による評価方法を用いることを否定していないため、いずれであっても結論は変わりません。

*10　牧口ほか前掲(注2)291頁。
*11　森前掲(注2)168頁。

5 譲渡人と譲受人で評価額が異なる場合

　このように、相続税法上の時価と法人税法、所得税法の時価はやや異なります。さらに、以下のように、一方で原則的評価方式が採用されながら、他方で特例的評価方式が採用されることがあります。
　①　支配株主から少数株主に株式を譲渡する場合[12]
　②　少数株主から支配株主に株式を譲渡する場合[13]

　この点、譲渡人と譲受人の双方が個人である場合には、譲渡人におけるみなし譲渡益課税を検討する必要がないため、譲受人における贈与税の問題のみを検討すれば足ります。

*12　譲渡人における時価が原則的評価方式であり、譲受人における時価が特例的評価方式である場合。
*13　譲渡人における時価が特例的評価方式であり、譲受人における時価が原則的評価方式である場合。

これに対し、譲渡人と譲受人の一方または双方が法人である場合には、譲渡人のみなし譲渡益についても検討する必要があるため、一物二価の問題が生じます。このような一物二価の問題があったとしても、課税主体が異なるため、**それぞれ異なる時価を用いて**課税所得の計算を行います。すなわち、一物二価の問題があるにもかかわらず、特例的評価方式による評価額で売買を行った場合には、以下のように租税法上の問題が生じてしまいます。

*14 譲渡人との関係によっては、給与所得等に該当する場合もあり得ます。

● **譲渡人にとっての時価が特例的評価方式であり、譲受人（法人）にとっての時価が原則的評価方式である場合**

　譲受人からすれば、原則的評価方式を下回る譲渡価額となっていることから、法人税法上、**受贈益**を計算する必要があります。

● **譲渡人（法人）にとっての時価が特例的評価方式であり、譲受人（個人）にとっての時価が原則的評価方式である場合**

　譲受人からすれば、原則的評価方式を下回る譲渡価額となっていることから、所得税法上、**一時所得等**を計算する必要があります*14。

● **譲渡人（個人）にとっての時価が原則的評価方式であり、譲受人（法人）にとっての時価が特例的評価方式である場合**

　原則的評価方式の2分の1に満たない価額で譲渡を行った場合には、**原則的評価方式で譲渡を行ったものとみなして**、譲渡人である個人において譲渡所得の計算を行います（所法59①二、所令169）。

● **譲渡人（法人）にとっての時価が原則的評価方式であり、譲受人（法人）にとっての時価が特例的評価方式である場合**

　原則的評価方式の2分の1に満たない価額で譲渡を行った場合であっても、原則的評価方式の2分の1以上の価額で譲渡を行った場合であっても、譲渡人である法人における法人税の計算上、**原則的評価方式で譲渡を行った**ものとみなして譲渡損益を計算する必要があります（法法61の2①一）。

譲渡人と譲受人で時価が異なる場合には、それぞれ別々の時価を採用するんだね。

6 おわりに

　このように、少数株主からの株式の買取りを行う場合には、買取価額をどのようにすべきかが問題となります。

　しかし、原則的評価方式による評価額が100円であり、特例的評価方式による評価額が10円である場合において、10円で買い取ったとしても、差額の90円に対して課税されることから、仮に税率が50％であったとしても、支払うべき税金は45円です。そして、譲渡人である少数株主からすれば、特例的評価方式が時価であることからみなし譲渡益の問題は生じません。

　このように、支配株主にとっての支出は55円（10円＋45円）に留まることから、税金を支払うつもりであれば、実際の買取価額を時価まで引き上げる必要はないと考えられます。

CHALLENGE!

❸で解説したように、法人税法上の評価において財産評価基本通達を準用する場合には、小会社とみなしたうえで、保有する土地を時価で評価する必要があります。
それでは、評価会社が子会社株式を保有している場合において、純資産価額の計算上、当該子会社株式の評価において、当該子会社を小会社とみなしたうえで、保有する土地を時価で評価する必要があるのでしょうか。考えてみましょう。

第 **11** 章 資金調達も必要です
～増 資～

大野フーズが増資をして資金調達をしたいと言っていたよ。最近の不況で銀行からお金を借りるのも厳しくなったらしいんだ。
大野フーズの株価は250円だけど、とてもそんな価値があると思えない。いろいろなところに声をかけているんだけど、1株100円じゃないとどこも増資を引き受けてくれないみたいだよ。

まあ、ほとんど利益も出ていないし、すぐに利益が回復するとは思えないから、仕方がないよね。
でも、1株250円なのに100円で増資をするとなると、どうしても有利発行に該当してしまう。会社法上、何か手続きが必要な気がするな。

会社法上は、有利発行に該当するなら、株主総会の特別決議が必要になるだろうね。税務上は、やむを得ない事情があるとはいっても、250円のものを100円で取得しているんだから、課税されてしまうような気がするんだけど。

皆さんは、増資という言葉を知っていますか？
「増資」とは、資本金の額を増やすことをいいます。大野フーズの行為は、新株の発行により資金調達をすることから、資本金の額が増えるため、増資に該当します。
コウジの言うように、会社法上、有利発行に該当するのであれば、株主総会の特別決議が必要になります。そして、税務上も、有利発行に該当するのであれば、受贈益が生じます。
会社法上は高額引受けに該当したとしても問題になりませんが、税務上、高額引受けに該当した場合には、株主間贈与の問題が生じます。

1 概 要

　会社法上、**新株の発行**または**自己株式の処分**により資金調達を行うことが認められています。なお、自己株式の処分とは、発行法人が保有する自己株式を譲渡することをいいます。そして、会社法上、新株の発行および自己株式の処分を併せて、「**募集株式の発行等**」と表記しています（会法2章8節）。

　なお、会社法上、現物出資により募集株式等の発行を行うことも認められていますが、本章では、金銭の払込みにより募集株式等の発行を行うことを前提にしています。

2 会社法上の手続き

　会社法上、募集株式の発行等をするためには、①**株主総会の特別決議**または**取締役会の決議**、②**資本金の額および発行済株式総数の変更登記**が必要になります（会法911①五、六、915）[*1]。このうち、株主総会または取締役会の決議については、以下のとおりです。

●非公開会社

　　第三者割当て[*2]により募集株式の発行等をする場合には、原則として、**株主総会の特別決議**が必要になります（会法199①②、309②五）。

　　そして、**有利発行**[*3]に該当する場合には、取締役は株主総会で有利発行を必要とする理由を説明する必要があります（同法199③）。

●公開会社[*4]

　　原則として、**取締役会決議**により第三者割当てを行うことができますが、**有利発行**に該当する場合に限り、**株主総会の特別決議**を行う必要があります（会法201①）。

　　そして、非公開会社と同様に、取締役は株主総会で有利発行を必要とする理由を説明する必要があります。

*1　登記が必要になる場合には、登録免許税が発生します。例えば、株式会社が資本金の額を増加させた場合には、増加資本金の額に1,000分の7を乗じた金額に対して登録免許税が課されます（登免法別表第一二十四(一)ニ）。

*2　会社法上、株主割当てによる増資も認められていますが（会法202）、実務上は、第三者割当てによる増資のほうが一般的です。なお、株主割当てとは、株主に対してその有する株式の数に応じて募集株式の割当てを受ける権利を与える増資をいい、第三者割当てとは、株主であるか否かを問わず、特定の第三者に募集株式の引き受ける権利を与える増資をいいます。

*3　通常要する価額に比して有利な金額で発行することをいいます。

*4　その発行する全部または一部の株式の内容として譲渡による当該株式の取得について株式会社の承認を要する旨の定款の定めを設けていない株式会社をいいます（会法2五）。

コウジ　有利発行に該当するかどうかで手続きが違うんだね。

3　会計上の取扱い

　会計上、新株の発行により資金調達を行った場合には、払い込まれた金銭の額が**資本金の額**として取り扱われます（会法445①）。ただし、払い込まれた金銭の額のうち**2分の1を超えない金額**については、**資本準備金**として処理することができます（会法445②③）。

　これに対し、自己株式の処分により資金調達を行った場合には、自己株式の帳簿価額との差額をその他資本剰余金の増減として取り扱います（自己株式及び準備金の額の減少等に関する会計基準9、10）。

【新株の発行】

（現　金　預　金）　×××	（資　　　本　　　金）　　　×××
	（資　本　準　備　金）　　　×××

【自己株式の処分】

（現　金　預　金）　×××	（自　己　株　式）　　　×××
	（その他資本剰余金）　　　×××

ユウタ　新株の発行をした場合には、2分の1以上は資本金の額に組み入れないといけないんだね。

4 税務上の取扱い

(1)株式を取得した法人または個人

① 原則的な取扱い

払込みをした金銭の額に付随費用を加算した金額が有価証券の取得価額になります（法令119①二、所令118②、109①一）。

＊5　決定日の価額だけでなく、決定日前1か月間の平均株価等、払込金額を決定するための基礎として相当と認められる価額で判定することも容認されています。

② 有利発行

（ⅰ）株式を取得した者が法人である場合

その取得の時における**その有価証券の取得のために通常要する価額**が当該有価証券の取得価額となります（法令119①四）。

そのため、有価証券と引き換えに払込みをした金銭の額とその取得の時におけるその有価証券の取得のために通常要する価額との差額を**受贈益**として認識する必要があります（法法22②）。

【有利発行】

（有 価 証 券）	×××	（現 金 預 金）	×××
		（受 贈 益）	×××

有利発行に該当するかどうかは、「通常要する価額に比して有利な金額」であるかどうかで判断します。

そして、「通常要する価額に比して有利な金額」とは、株式の払込金額を決定する日の現況における当該発行法人の株式の価額に比して社会通念上相当と認められる価額を下回る価額をいい、社会通念上相当と認められる価額を下回るかどうかは、当該発行法人の株式の価額と払込金額との差額が当該株式の価額のおおむね10％相当額以上であるかどうかにより判定します（法基通2-3-7）＊5。

そのため、時価のおおむね90％未満の金額で取引がなされた場合には、受贈益を認識する必要があります。

（ⅱ）株式を取得した者が個人である場合

株式を取得した者が法人である場合と同様に、株式と引き換えに払い込むべき額が有利な金額*6であるときは、払込日の時価と払い込むべき額との差額が所得税の課税対象となります（所法36②、所令84②五）。

しかし、経済的利益を享受する者が個人であることから、所得税法上、どの所得分類に帰属するのかを明確にする必要があります。さらに、既存の主要株主が個人であり、かつ、引受人も個人である場合には、贈与税の問題を検討する必要もあります（相法9）。この点については、以下のように整理されています*7。

イ．給与所得または退職所得として所得税の課税対象とされるものについては、**給与所得**または**退職所得**として処理します。

ロ．イに該当する場合を除き、贈与により取得したものとして贈与税の課税対象とされるものについては、**贈与税**の対象になります。

ハ．イおよびロのいずれにも該当しない場合には、**一時所得**として課税されます。

このように、贈与税の対象になる場合には、有利発行を**株主間贈与**として考えているのに対し、それ以外の場合には、有利発行を**発行法人から引受人に対する贈与**であると考えていることが分かります。なお、贈与税の課税対象になる場合とは、旧株主と引受人が親族等の関係にあり、かつ、その発行会社が同族会社である場合をいいます。なぜなら、相続税法基本通達9-4において、以下のように規定されているからです。

●**相続税法基本通達9-4**

　同族会社が新株の発行（当該同族会社の有する自己株式の処分を含む。以下9-7までにおいて同じ。）をする場合において、当該新株に係る引受権（以下9-5までにおいて「募集株式引受権」という。）の全部又は一部が会社法（平成17年法律第86号）第206条各号（（募集株式の引受け））に掲げる者（**当該同族会社の株主の親族等（親族その他法施行令第31条に定める特別の関係がある者をいう。以下同じ。）に限**

*6　有利な金額により株式を取得したか否かの判断は、法人税法と同様の手法により行います（所基通23～35共－7）。

*7　森田哲也『令和2年11月改訂版相続税法基本通達逐条解説』161頁（大蔵財務協会、令和2年）。

る。）に与えられ、当該募集株式引受権に基づき新株を取得したとき
は、原則として、当該株主の親族等が、当該募集株式引受権を当該株
主から贈与によって取得したものとして取り扱うものとする。ただし、
当該募集株式引受権が給与所得又は退職所得として所得税の課税対象
となる場合を除くものとする。（昭57直資2-177、平18課資2-2改
正）

考えてみよう

このような整理がされている理由は、所得税と贈与税の二重課税を回避する必要があるから
です。二重課税を認めてはいけない理由は、所得税法9条において、贈与税の課税対象になる
ものについては所得税を課さず、相続税法21条の3において、法人からの贈与については贈与
税を課さないものと規定されているからです。

〔所得税法9条〕

次に掲げる所得については、所得税を課さない。

一〜十五　省略

十六　相続、遺贈又は個人からの贈与により取得するもの（相続税法（昭和二十五年法律第
七十三号）の規定により相続、遺贈又は個人からの贈与により取得したものとみなされるも
のを含む。）

十七〜十八　省略

〔相続税法21条の3〕

次に掲げる財産の価額は、贈与税の課税価格に算入しない。

一　法人からの贈与により取得した財産

二〜六　省略

③　高額引受け

　法人税法および所得税法においては、高額引受けを行った場合[8]
における特段の規定は設けられていません。

　そのため、原則として、**払込みをした金銭の額に付随費用を加算
した金額**を有価証券の取得価額とすべきであると考えられます。

　しかしながら、租税回避事案に対しては、有価証券の取得価額と
して取り扱われず、**寄附金**として取り扱われることがあります[9]。

*8　株式と引き換えに払
い込むべき額が不利な金額
である場合をいいます。
*9　名古屋高判平成14
年5月15日TAINSコードＺ
252-9121、東京高判平成
13年7月5日 Westlaw.
Japan文 献 番 号
2001WLJPCA07059001。

【原則的な取扱い】

(有 価 証 券)	×××	(現 金 預 金)	×××

【租税回避事案】

(有 価 証 券)	×××	(現 金 預 金)	×××
(寄 附 金)	×××		

(2) 既存株主

*10 最三小判平成18年1
月24日TAINSコード Z
888-1045。

① 原則的な取扱い

何ら課税関係が生じません。

② 有利発行

　有利発行を行った場合であっても、既存株主に対して課税するという明文規定は存在しません。

　しかしながら、租税回避事案に該当する場合には、既存株主から株式を取得した者に対する**みなし譲渡**があったものとして、以下のような否認が行われることがあります[*10]。

【既存株主における仕訳】

(寄 附 金)	×××	(みなし譲渡益)	×××

③ 高額引受け

　高額引受けを行った場合には、既存株主が保有している株式の時価が引き上げられるため、株式を取得した者および既存株主が個人である場合には、既存株主に対して**贈与税**が課されることがあります（相基通9-2）。

　これに対し、既存株主が法人である場合には、既存株主における法人税の問題となり、株式を取得した者が法人であり、既存株主が個人である場合には、既存株主における所得税の問題になります。そして、法人税法および所得税法において、保有している株式の時

価が引き上げられたことに伴って**受贈益を課すという明文規定は存在しません**。そのため、租税回避事案に該当する場合にのみ、**同族会社等の行為計算の否認**（法法132、所法157①）が適用されるという整理になります。

（3）発行法人

法人税、住民税および事業税

基本的な取扱い

払込みを受けた金銭の額が**資本金等の額**となります（法法2十六、法令8①一）。

資本金等の額が増えたことにより、住民税均等割と事業税資本割が高くなることもあるかもしれないね。

*11　佐々木浩ほか『平成18年版改正税法のすべて』349頁（大蔵財務協会、平成18年）。

考えてみよう

有利発行または高額引受けを行った場合には、同族会社等の行為計算の否認（法法132）を適用することにより、発行法人において寄附金または受贈益を認識すべきであるという考え方もあり得ます。

しかしながら、新株予約権を発行する場合において、その新株予約権と引換えに払い込まれる金銭の額がその新株予約権のその発行の時の価額に満たないときは、その満たない部分の金額に相当する金額は損金の額に算入されず、新株予約権の発行の時の価額を超えるときは、その超える部分の金額に相当する金額は益金の額に算入されないこととされています（法法54の2⑤）。

この規定が設けられた趣旨として、「新株予約権を利用した取引は従前より資本等取引に類似した取引と考えられていましたが、発行の場面においては資本等取引と同様に発行法人側に損金及び益金が生じないことを処理面から明確にしたものです。なお、この規定は、新株予約権者側の取扱いに何ら影響を与えるものではありません。」*11と解説されています。

すなわち、資本等取引の類似取引である新株予約権の発行において、時価と異なる価額であったとしても、損金の額および益金の額に算入しないと考えられていることから、募集株式の発行等を行った場合には、時価と異なる価額であっても資本等取引と考えることにより、寄附金

および受贈益を認識しないというのが、法人税法の基本的な考え方であるといえます。
したがって、同族会社等の行為計算の否認（法法132）が適用される事実は極めて限定的であるということがいえます。

5 租税法上の時価

前述のように、租税回避事案に該当する場合を除き、法人税法および所得税法においては、有利発行を**発行法人から株式を取得した者に対する経済的価値の移転**であると考えていることが分かります。そのため、受贈益の計算上、**株式を取得した者の納税ポジションにより**租税法上の時価を算定します。

そして、有利発行により贈与税が問題になる場合であっても、**株式を取得した者の納税ポジション**により租税法上の時価を算定することから、同様の結論になります*12。

そのため、少数株主が特例的評価方式により募集株式の引受け等を行った場合には、**当該少数株主にとっては特例的評価方式が租税法上の時価であることから、贈与税の問題は生じない**ということになります。

＊12　高額引受けにより贈与税が問題になる場合には、既存株主における納税ポジションにより計算します。

6 準備金の額または剰余金の額を減少させ、資本金の額に組み入れた場合

(1)会社法上の手続き

会社法上、株主総会の普通決議により、準備金の額または剰余金の額を減少させ、**資本金の額に組み入れる**ことが認められています（会法448①二、450）。

(2)税務上の取扱い

準備金の額または剰余金の額を減少させ、資本金の額に組み入れたとしても、株主における課税上の影響はありません。

また、発行法人においても、**資本金等の額および利益積立金額が変動しない**ことから（法令8①十三）、法人税の課税所得の計算への

影響はありません。

　しかしながら、住民税均等割および事業税資本割の計算上、利益準備金またはその他利益剰余金を減少させ、資本金の額に組み入れた場合には、**その組み入れた金額を資本金等の額に加算する**こととされています。そのため、住民税均等割および事業税資本割の金額が増加することがあり得ます（地法23①四の五イ(1)、72の21①一、地規1の9の4①、3の16①）。

7　おわりに

　本章では、増資の取扱いについて解説しました。実務上、有利発行に該当するのか、高額引受けに該当するのかは、非常に重要な論点になります。

　さらに、実務上、種類株式を発行する場合があります。この場合の論点については、第15章で解説します。

CHALLENGE!

資本金の額が1億円を超えることにより、中小企業の特例を受けることができなくなる場合があります。このような場合には、どのようにしたらよいのでしょうか。考えてみましょう。

第12章 中小企業に戻りたい
～資本金の額または準備金の額の減少～

マヤ　安田社長から中小企業に戻れないかという相談があったらしいよ。資金調達をして資本金の額が3億円を超えてしまったんだけど、同族会社等の留保金課税が負担になってきたみたい。

コウジ　資金調達のために増資をしたんだから、有償減資で株主に払い戻すつもりないよね。そうなると、無償減資で資本金の額を減らして、その他資本剰余金に持っていくしかないと思うな。

ユウタ　たしかに、無償減資という手段はあるかもね。資本金の額を1億円以下にしてしまえば、外形標準課税の対象から外すこともできるし。
そういえば、監査法人で働いている先輩から、クライアントが無償減資をして資本金の額を5億円未満にしたことにより、会社法監査の対象から外れてしまったという話を聞いたことがあるよ。

サトウ先生　皆さんは、資本金の額を意識したことがありますか？
ユウタの言うように、資本金の額が5億円以上になってしまうと、会社法監査の対象になります（会法328、2六イ）。そして、マヤの言うように、資本金の額が1億円を超えてしまうと、税務上、大法人として取り扱われます。
大法人として取り扱われると、中小法人としての恩典を受けることができなくなります。中小法人の恩典は様々ですが、マヤとユウタが指摘した同族会社等の留保金課税（法法67①）、事業税の外形標準課税（地法72の2①一イ）は、中小法人の恩典の例として挙げられることが多いと思います。そうなると、資本金の額を5億円未満または1億円以下にしたいという話も出てきます。
本章では、減資について解説します。

1 概 要

　減資とは、資本金の額を減少させることをいいます。平成17年改正前商法では、コウジの言うように、有償減資と無償減資がありましたが、現行会社法上、減資とは、**資本金の額を減少させ、資本準備金の額またはその他資本剰余金の額を増加させる**ことをいいます。

　そのため、平成17年改正前商法における有償減資と同じ効果をもたらすためには、以下の手法を用いることになります。

● **株式消却を伴わない有償減資**

　　その他資本剰余金の額を増加させた後に、**その他資本剰余金の配当**を行います。その他資本剰余金の配当については、第13章で解説します。

● **株式消却を伴う有償減資**

　　その他資本剰余金の額を増加させた後に、**自己株式の取得**を行います。自己株式の取得については、第14章で解説します。

コウジ

　有償減資を行うためには、無償減資を行ってから、その他資本剰余金の配当か自己株式の取得を行う必要があるんだね。

2 会社法上の取扱い

　会社法上、株式会社が資本金の額または準備金の額を減少させるためには、以下の手続きが必要になります。

*1　資本金の額を減少させた場合には、3万円の登録免許税の支払いが必要になります（登免法別表第一二十四(一)ツ）。

● **資本金の額の減少**

・　株主総会の特別決議（会法309②九、447①）

・　債権者異議手続きとしての公告および催告（会法449）。

・　資本金の額の変更登記（会法911①五、915）*1

●準備金の額の減少

・　株主総会の普通決議（会法448①）

・　債権者異議手続きとしての公告および催告（会法449）。

　ただし、減資と異なり、**欠損填補**のために行う場合には、

　債権者異議手続きを行う必要はありません。

ユウタ　債権者異議手続きが必要ということは、1か月以上の期間が必要になる
ということだね（会法449②）。

3　税務上の取扱い

　資本金の額または準備金の額を減少させることにより、その他剰余金の額を増加させた場合であっても、株主における課税上の影響はありません。

　そして、発行法人でも、**資本金等の額および利益積立金額が変動しない**ことから（法令8①十二）、法人税の課税所得の計算への影響はありません。

*2　欠損填補の対象となるその他利益剰余金は、各事業年度決算時の負の残高に限られているため、臨時決算等により期中の負の残高に対して欠損填補を行うことはできません（渡邊泰大「都道府県民税関係－法人住民税」税72巻12号51頁（平成29年））。

*3　住民税均等割、事業税資本割の特例は、会社法446条に規定する剰余金（その他剰余金）に限定されています。すなわち、会社法446条は株式会社の規定であることから、持分会社に対しては、本特例を適用することはできません（渡邊前掲（注2）52頁）。

サトウ
先生

原則として、資本金の額または資本準備金の額を減少させた後に欠損填補を行ったとしても、資本金等の額が変動しないことから、住民税均等割および事業税資本割を減らすことができません。しかしながら、資本金の額または資本準備金の額を減少させて、その他資本剰余金の額を増加させてから1年以内にその他利益剰余金のマイナスと相殺することにより欠損填補を行った場合には、住民税均等割および事業税資本割の計算上、当該欠損填補を行った金額を資本金等の額から控除することが認められています（地法23①四の五イ(3)、72の21①三、地規1の9の4②③、3の16②③）*2*3。

【欠損填補を行った場合の別表五（一）の作成方法】

　資本金の額を100減少させ、資本準備金の額を500減少させた後に、欠損填補を行った場合における法人税確定申告書別表五（一）の作成方法は以下のとおりです*4。

＊4　※を付す理由は、別表四においては調整の対象にならないことから、他の調整項目との違いを明らかにするためです。

【会計上の仕訳】

①　資本金の額および準備金の額の減少

（その他資本剰余金）　600	（資　　本　　金）	100
	（資　本　準　備　金）	500

②　欠損填補

（その他利益剰余金）　600	（その他資本剰余金）　600

【税務上の仕訳】

　仕訳なし

別表五（一）

I　利益積立金額の計算に関する明細書				
区　分	期首現在 利益積立金額	当期の増減		差引翌期首現在 利益積立金額
		減	増	
	①	②	③	④
資本金等の額	0		※△600	△600
繰越損益金	△1,000	△1,000	△400	△400
差引合計額	△1,000	△1,000	△1,000	△1,000

II　資本金等の額の計算に関する明細書				
区　分	期首現在 利益積立金額	当期の増減		差引翌期首現在 資本金等の額
		減	増	
	①	②	③	④
資本金	500	100		400
資本準備金	500	500		0
利益積立金額			600	600
差引合計額	1,000	600	600	1,000

　なお、住民税均等割および事業税資本割の計算上、欠損填補を行った金額を資本金等の額から控除するためには、その事実等を証する書類として、剰余金を損失の填補に充てた事実および剰余金を損失の填補に充てた金額を証する書類（法人税の明細書（別表五（一）））、株主総会議事録、債権者に対する異議申立の公告（官報の抜粋）、株主資本等変動計算書を都税事務所等に提出する必要があります[*5]。

＊5　東京都主税局「法人都民税、事業税、特別法人事業税、地方法人特別税の中間・確定申告書（第6号様式）記載の手引」4頁（令和2年）。

4 おわりに

　このように、資本金の額を1億円以下にすることにより、中小法人の特例を適用することができるようになります。さらに、欠損填補と組み合わせることにより、住民税均等割および事業税資本割を減少させることもできます。

　業績が悪化している場合には、①住民税均等割を減少させたい、②資本金の額を1億円以下にすることで外形標準課税の対象から除外させたい、というニーズがあるため、きちんと理解しておきましょう。

C HALLENGE!

　会計上の資本金および資本準備金の合計額が税務上の資本金等の額を超えている場合には、会計上の資本金および資本準備金の合計額により住民税均等割および事業税資本割を計算するという特例があります（地法52⑤、72の21②、312⑥）。

　すなわち、会計上の資本金の額が1億円、資本準備金の額が1億円である場合において、税務上の資本金等の額が1,000万円であるときは、資本金等の額が2億円であるものとして住民税均等割を計算します（資本金の額が1億円以下であることから、外形標準課税の対象にはなりません）。

　このような場合に、どのようにしたら住民税均等割を減少させることができるでしょうか。考えてみましょう。

第13章

ちゃんと還元しないとね
～剰余金の配当～

コウジ

そろそろ株主総会の季節だね。いろいろ調べてみたんだけど、その他利益剰余金から配当する企業もあれば、その他資本剰余金から配当する企業もあるみたいだね。
会社法上の手続きは、ほとんど変わらないと思うけど、税務上の取扱いに違いはあるのかな？

マヤ

たしか、有償減資をするためには、資本金の額からその他資本剰余金に振り替えてからその他資本剰余金の配当をするんだよね（第12章）。
そもそも資本の払戻しなんだから、その他資本剰余金から配当したとしても、受取配当金にはならない気がするんだけど。

ユウタ

たしかに、資本の払戻しと考えるのなら、受取配当金として処理したらまずい気がするよね。だけど、その他利益剰余金からの配当だと受取配当金になって、その他資本剰余金からの配当だと受取配当金にならないというのも、少し変な気がするんだよな。

サトウ
先生

会社に資金的な余裕が出てくると、株主に還元するために、剰余金の配当をすることがあります。
マヤの言うように、資本の払戻しということなので、その他資本剰余金の配当をした場合には、その全額が受取配当金になるわけではありません。ただし、プロラタ計算により、資本金等の額からの減少と利益積立金額からの減少に分けられるので、利益積立金額からの減少部分がみなし配当として取り扱われます。
その他利益剰余金の配当とその他資本剰余金の配当では、その税務上の取扱いが異なってきます。

1 概 要

第9章で解説したように、受取配当金に対しては、株主が内国法人である場合には、受取配当等の益金不算入が適用され、株主が個人（居住者）である場合には、配当所得として取り扱われます。

会社法上、剰余金の配当をするためには、原則として、**株主総会の普通決議**が必要になります（会法454①）。ただし、会計監査人設置会社においては、**取締役会の決議**により配当をすることができます（会法459①四）。

なお、一般的に、配当財産は金銭であることが多いですが、金銭以外の財産を配当することもあります。金銭以外の財産を配当することを**現物配当**ということがあります。

そういえば、上場会社は取締役会決議で配当を行っている会社が多かったような気がするな。

2 税務上の取扱い

(1)その他利益剰余金の配当

その他利益剰余金を原資として配当を行った場合には、株主において**受取配当金**が発生し、発行法人の**利益積立金額が減少します**（法令9①一）*1。

(2)その他資本剰余金の配当

① 株 主

その他資本剰余金を原資として配当を行った場合には、**プロラタ方式**により、受け取った配当金の一部を**株式の譲渡収入**として処理し、残りの一部を**みなし配当**として処理します。具体的には以下のとおりです。

*1 剰余金の配当は、資産の譲渡等の対価に該当しないことから、消費税は課されません（消基達5-2-8）。

（ⅰ）みなし配当の金額（法法24①四、法令23①四、所法25①四、所令61②四）

みなし配当の金額 ＝ 交付を受けた金銭の額および金銭以外の資産の価額の合計額 － 払戻対応資本金額等のうちその交付の基因となった当該法人の株式に対応する部分の金額

払戻対応資本金額等のうちその交付の基因となった当該法人の株式に対応する部分の金額 ＝ 配当の直前の資本金等の額 × $\dfrac{\text{ロ}^{*2}}{\text{イ}}$ × $\dfrac{\text{保有株式数}}{\text{払戻株式の総数}}$

イ＝その他資本剰余金の配当の日の属する事業年度の前事業年度終了の時の資産の帳簿価額から負債の帳簿価額を減算した金額*3

ロ＝減少したその他資本剰余金の額

＊2　ロ／イを「減少剰余金割合」といいます。減少剰余金割合に小数点以下3位未満の端数があるときはこれを切り上げる必要があります。

＊3　その他資本剰余金の配当の日以前6か月以内に仮決算を行うことにより中間申告書を提出し、かつ、当該提出した日から当該その他資本剰余金の配当の日までの間に確定申告書を提出していなかった場合には、当該中間申告書に係る期間（事業年度開始の日以後6か月の期間）終了の時の資産の帳簿価額から負債の帳簿価額を減算した金額になります。そして、当該終了の時から当該その他資本剰余金の配当の直前の時までの間の資本金等の額または利益積立金額が増減した場合には、上記の金額に当該増減額を加減算します。

少し難易度が高いですが、特殊事例として、以下のものがあるため、注意しましょう。

- その他資本剰余金の配当の直前の資本金等の額が零以下である場合には、減少剰余金割合は零になります。

- その他資本剰余金の配当の直前の資本金等の額が零を超え、かつ、分母の金額が零以下である場合には、減少剰余金割合は1になります。

- 減少剰余金割合が1を超える場合には、減少剰余金割合は1になります。

- 「払戻対応資本金額等のうちその交付の基因となった当該法人の株式に対応する部分の金額」が、その他資本剰余金の配当により交付した金銭の額および金銭以外の資産の価額の合計額を超える場合には、みなし配当の金額は0円になります。そして、発行法人においても、交付した金銭の額および金銭以外の資産の価額の合計額が減少する資本金等の額になります。

（ⅱ）株式譲渡損益の金額（法法61の2①⑱、措法37の10③三）

> 株式譲渡損益　＝　譲渡収入の金額　－　譲渡原価の金額
>
> ◆譲渡収入の金額
>
> 　交付を受けた金銭の額および金銭以外の資産の価額の合計額から**みなし配当の金額を控除する**ことにより計算します。
>
> ◆譲渡原価の金額
>
> 　以下により計算を行います（法令119の9①、所令114①）。
>
> $$譲渡原価の金額 ＝ \frac{配当の直前の所有株式}{の帳簿価額} × \frac{ロ^{*4}}{イ}$$

＊4　イおよびロは、みなし配当の計算で使用した数値と同じ数値を使用します。
＊5　上場株式の場合には、みなし配当の金額に15.315％（他に地方税5％）を乗じた金額の所得税および復興特別所得税、非上場株式の場合には、みなし配当の金額に20.42％を乗じた金額の所得税および復興特別所得税が源泉徴収されます（所法182、措法9の3、地法71の28）。

【その他資本剰余金を原資とする配当を受け取った株主における仕訳】[*5]

（現　金　預　金）	×××	（有　価　証　券）	×××
（未　収　源　泉　税）	×××	（み　な　し　配　当）	×××
		（株　式　譲　渡　損　益）	×××

　なお、完全支配関係がある他の内国法人からその他資本剰余金の配当を行わせた場合には、株式譲渡損益ではなく、**資本金等の額の増減項目**として取り扱われます（法法61の2⑰、2十六、法令8①二十二）。

【グループ法人税制が適用される場合】

（現　金　預　金）	×××	（有　価　証　券）	×××
（未　収　源　泉　税）	×××	（み　な　し　配　当）	×××
		（資　本　金　等　の　額）	×××

② 　発行法人

　前述のように、その他資本剰余金を原資として配当を行った場合には、プロラタ方式により、受け取った配当金の一部を株式の譲渡収入として処理し、残りの一部をみなし配当として処理します。

　すなわち、発行法人においても、株式の譲渡収入として処理された部分の金額が**資本金等の額の減算項目**として取り扱われ、みなし

配当として処理された部分の金額が**利益積立金額の減算項目**として
取り扱われます。具体的には、以下のとおりです。

（ⅰ）資本金等の額の減少（法令8①十八）

$$\text{減少する資本金等の額} = \text{配当の直前の資本金等の額} \times \frac{\text{ロ}^{*6}}{\text{イ}}$$

（ⅱ）利益積立金額の減少（法令9①十二）
　その他資本剰余金の配当により交付した金銭の額および金銭以外
の資産の価額の合計額が、減少する資本金等の額を超える場合にお
けるその超える部分の金額

【発行法人における仕訳】

| （資 本 金 等 の 額） | ×××　 | （現　金　預　金） | ××× |
| （利 益 積 立 金 額） | ×××　 | （預 り 源 泉 所 得 税） | ××× |

ユウタ　その他資本剰余金から配当した場合には、資本金等の額と利益積立金額
の両方が減少するんだね。

【その他資本剰余金の配当を行った場合の別表五(一)の作成方法】
　その他資本剰余金の配当を行った場合には、発行法人における会
計上の資本金、資本準備金およびその他資本剰余金の合計額と税務
上の資本金等の額にズレが生じる場合があります。具体的には以下
のとおりです。なお、単純化のため、源泉所得税については省略し
ています。

【会計上の仕訳】

| （その他資本剰余金） | 100　 | （現　金　預　金） | 100 |

【税務上の仕訳】

| （資 本 金 等 の 額） | 70 | （現 金 預 金） | 100 |
| （利 益 積 立 金 額） | 30 | | |

別表五（一）

Ⅰ　利益積立金額の計算に関する明細書				
区　分	期首現在 利益積立金額	当期の増減		差引翌期首現在 利益積立金額
		減	増	
	①	②	③	④
資本金等の額	0	※30		△30
繰越損益金	300			300
差引合計額	300	30	0	270

Ⅱ　資本金等の額の計算に関する明細書				
区　分	期首現在 利益積立金額	当期の増減		差引翌期首現在 資本金等の額
		減	増	
	①	②	③	④
資本金	100			100
資本剰余金	600	100		500
利益積立金額		△30		30
差引合計額	700	70		630

3　現物分配

　法人税法上、現物分配とは、法人がその株主に対し当該法人の次に掲げる事由により**金銭以外の資産の交付**をすることをいいます。

　イ．剰余金の配当

　ロ．解散による残余財産の分配

　ハ．自己株式の取得

　現物分配に対しては、適格現物分配の制度が導入されており、**完全支配関係のある内国法人**に対して現物配当をする場合に利用されることがあります（法法２十二の十五）。

　しかしながら、後述する株式分配に該当する場合を除き、法人か

ら個人に対する現物分配のすべてが非適格現物分配として処理されることから、実務上、①**孫会社株式を親会社に分配する場合**（下図参照）や、②**子会社が保有する親会社株式を親会社に分配する場合**には利用されていますが、それ以外の場合には、ほとんど利用されていません。なお、②の場合には、親会社が取得した株式は、**自己株式**となります。

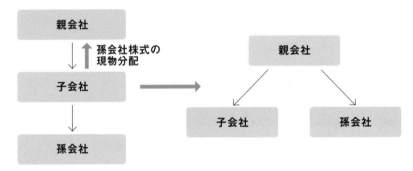

孫会社株式の現物分配

4 株式分配

平成29年度税制改正によりスピンオフ税制が導入され、支配株主がいない場合における**100％子会社株式を対象とした現物分配**に対して、適格株式分配の制度が導入されました（法法2十二の十五の二、十二の十五の三）。

しかしながら、**支配株主がいないことを前提にしているため、株式分配はほとんど利用されていません。**

5 おわりに

　本章では、剰余金の配当について解説しました。その他利益剰余金から配当する場合とその他資本剰余金から配当する場合における税務上の取扱いが大きく異なるということが理解できたと思います。

　その他資本剰余金から配当する場合には、会計処理と税務処理が異なることから、申告調整が必要になるという点に注意しましょう。

C HALLENGE!

第9章で解説したように、配当計算期間の一部について株式を保有していない場合、例えば、他の株主から株式を取得してから1年以内に配当を行った場合には、所得税額控除の一部が認められないことがあります。

それでは、みなし配当についても同様の取扱いになるのでしょうか。調べてみましょう。

第 14 章

買い手がいないなら自分で買うよ
〜自己株式〜

最近、自己株式の取得が増えているね。株主に還元するために配当を増やすだけじゃなくて、自己株式を買い取る企業が増えているみたいなんだ。

たしかに、1株当たりの利益は増えるだろうから、残った株主からするとメリットがあるのかもしれないね。

たしか、自己株式の取得も分配可能額の範囲内で行わないといけなかったはずだけど、税務上はどのように取り扱われるんだろう。

剰余金の配当と変わらないと考えるのなら受取配当金になるんだろうけど、株式の譲渡と考えると株式譲渡損益になってしまうよね。

たぶん、その他資本剰余金の配当と同様に、みなし配当と株式譲渡損益が発生するんじゃないかな（第13章参照）。

その他資本剰余金の配当はプロラタ方式で計算していたけど、自己株式の取得も同じように計算するのかしら？

皆さんは、自己株式という言葉を知っていますか？

自己株式とは、発行法人が保有する自社の株式のことをいいます。自己株式は金庫株ともいわれており、ユウタの言うように、株主還元の手段として利用されています。

マヤは鋭いですね。自己株式を取得させた場合には、みなし配当と株式譲渡損益が発生します。ただし、みなし配当を発生させることが馴染まないものもあるため、一定の場合には、みなし配当を発生させないで、その全額を株式譲渡収入として取り扱うことがあります。

さらに、コウジの言うように、自己株式の取得は分配可能額の範囲で行う必要がありますが、一定の例外も定められています。

1 概 要

　会社法上、自己株式を取得することが認められています（会法155、会規27）。そして、自己株式の取得は分配可能額の範囲で行う必要があるのが原則ですが（会法461①一〜七、166①、170⑤）、例外も認められています。具体的には、以下のとおりです。

*1　分配可能額の規制があるものを○、ないものを×と表記しています。

取得事由	分配可能額の規制*1
取得条項付株式の取得（会法155一、107②三イ）	○
譲渡制限株式の取得（会法155二、138一ハ、二ハ）	○
株主との合意による有償取得（会法155三、156①、157①）	○
取得請求権付株式の取得（会法155四、166①）	○
全部取得条項付種類株式の取得（会法155五、171①）	○
相続人等に対する売渡請求に基づく取得（会法155六、176①）	○
単元未満株式の買取請求による取得（会法155七、192①）	×
所在不明株主の株式の買取り（会法155八、197③）	○
一株未満の端数の買取り（会法155九、234④、235②）	○
全部の事業の譲受け（会法155十）	×
合併（会法155十一）	×
吸収分割（会法155十二）	×
無償取得（会規27一）	×
剰余金の配当または残余財産の分配（会規27二）	×
反対株主の株式買取請求（会規27五）	×
権利の実行に当たり目的を達成するために当該株式会社の株式を取得することが必要かつ不可欠である場合（会規27八）	×
その他（会規27三、四、六、七）	×

ユウタ：有償で自己株式を取得する場合には分配可能額の規制はあるけど、無償で自己株式を取得する場合には分配可能額の規制はないんだね。

2　会社法上の取扱い

　会社法上、株式会社が株主との合意により自己株式を有償で取得するためには、原則として、**株主総会の普通決議**が必要になります（会法156）。そして、取締役会設置会社では、①取得する株式の数、②株式を取得するのと引換えに交付する金銭等の内容およびその総額、③株式を取得することができる期間のみを定め、具体的な取得価格については、**取締役会決議**で決めることになります（会法157②）。

　ただし、**非上場会社**が特定の株主から取得する場合には、株主総会の特別決議が必要になるとともに（会法309②二）、他の株主に対して、**譲渡する株主に自己を加えることを株主総会の議案とすることを請求すること**が認められています（会法160③）※2※3。

　これに対し、上場会社が特定の株主から市場価格で取得する場合には、譲渡する株主に自己を加えることを株主総会の議案とすることを請求することは認められていません（会法161）。

※2　このような権利を「売主追加請求権」といいます。なお、定款の定めにより、売主追加請求権を排除することができますが（会法164①）、定款変更のためには、株主全員の同意が必要とされているため（会法164②）、現実的に、売主追加請求権の排除は難しいと思います。

※3　例外的に、相続その他の一般承継により取得した株式を自己株式として買い取る場合には、他の株主に対して売主追加請求権が認められていません（会法162）。ただし、以下のいずれかに該当する場合には、売主追加請求権が認められてしまうため、注意しましょう。
① 公開会社である場合
② 相続人その他の一般承継人が株主総会または種類株主総会において議決権を行使した場合

サトウ先生　実務上、非上場会社においては、特定の株主から取得したいのに、他の株主が手を挙げるかもしれないという問題があるため、自己株式の取得に慎重になるケースも少なくありません。

3　税務上の取扱い

（1）株 主

①　基本的な取扱い

　自己株式の取得により金銭その他の資産の交付を受けた場合において、その金銭の額および金銭以外の資産の価額の合計額が当該法人の資本金等の額のうちその交付の基因となった当該法人の株式に対応する部分の金額を超えるときは、その超える部分の金額については、**みなし配当**として取り扱われます（法法24①五、法令23①六、

所法25①五、所令61②六）[4]。

　具体的には、以下のとおりです。なお、単純化のため、源泉所得税については省略しています。

*4　原則として、自己株式の取得は、資産の譲渡等に該当しないため、消費税が課されません（消基通5-2-9）。ただし、証券市場での買入れによる取得については、譲渡した株主において非課税売上として取り扱われます。

【設 例】

　イ．P社からの自己株式の取得

　　・　P社におけるA社株式の帳簿価額：7,000千円

　　・　上記の株式に対する買取価額：200,000千円（発行済株式総数の100分の10）

　ロ．X氏からの自己株式の取得

　　・　X氏におけるA社株式の取得費：10,000千円

　　・　上記の株式に対する買取価額：140,000千円（発行済株式総数の100分の7）

　ハ．A社の資本金等の額：50,000千円

【P社の仕訳】

| （現　金　預　金） | 200,000千円 | （み な し 配 当） | 195,000千円 |
| （株　式　譲　渡　損） | 2,000千円 | （A　社　株　式） | 7,000千円 |

　なお、P社とA社との間に**完全支配関係**がある場合には、上記の株式譲渡損は損金の額に算入されず（法法61の2⑰、法法2十六、法令8①二十二）、**資本金等の額の減算項目**になります。

【グループ法人税制が適用される場合】

| （現　金　預　金） | 200,000千円 | （み な し 配 当） | 195,000千円 |
| （資 本 金 等 の 額） | 2,000千円 | （A　社　株　式） | 7,000千円 |

　これに対し、X氏では、以下のように、136,500千円が配当所得として取り扱われます。なお、配当所得136,500千円と譲渡損失6,500千円の損益通算はできません。

【X氏の仕訳】

（現 金 預 金）	140,000千円	（み な し 配 当）	136,500千円
（株 式 譲 渡 損）	6,500千円	（A 社 株 式）	10,000千円

② 時価を下回る金額で自己株式を譲渡した場合

時価を下回る金額で自己株式を譲渡した場合であっても、みなし配当の計算は**実際に受け取った金銭の額および金銭以外の資産の価額の合計額**で行う必要があります[*5]。

すなわち、譲渡した自己株式の時価が200,000千円であり、当該自己株式に対応する資本金等の額が5,000千円である場合において、譲渡価額が150,000千円であるときは、差額の145,000千円がみなし配当として取り扱われます。

これに対し、自己株式の時価が200,000千円であるにもかかわらず、150,000千円で譲渡を行っていることから、差額である50,000千円がみなし譲渡益として課税されます。

このように、時価をベースに**みなし配当**の計算を行う必要はありませんが、**みなし譲渡益**の計算を行うことはあり得るということになります。

③ 時価を上回る金額で自己株式を譲渡した場合

時価を上回る金額で自己株式を譲渡した場合であっても、**実際に受け取った金銭の額および金銭以外の資産の価額の合計額**でみなし配当の計算を行う必要があります。

ただし、みなし配当の金額を増加させ、**受取配当等の益金不算入が適用される金額を増加させる行為**に対しては、**租税回避**に該当する可能性があることから、みなし配当ではなく、**受贈益**として認定される可能性もあります。

④ みなし配当を認識しない場合

自己株式の取得であっても、以下のものについては、みなし配当を認識せずに、株式譲渡収入として取り扱われます（法法24①五、61の2⑭一〜三、法令23③、所法25①五、57の4③一〜三、所令61①）。

・ **金融商品取引所**（これに類するもので外国の法令に基づき設立さ

---

*5 法人税法24条1項において、「当該法人の次に掲げる事由により金銭その他の資産の交付を受けた場合において、その金銭の額及び金銭以外の資産の価額（適格現物分配に係る資産にあっては、当該法人のその交付の直前の当該資産の帳簿価額に相当する金額）の合計額が……」と規定しており、実際に株主に交付した金銭の額を基礎にみなし配当の計算をすることが明らかにされていることが根拠になります。これに対し、株式譲渡損益の計算では、時価よりも安い価額により譲渡を行った場合には、時価で譲渡を行ったものとして益金の額を計算する必要があります（法法22②）。

れたものを含みます。）の開設する市場における購入

- 　店頭売買登録銘柄として登録された株式のその店頭売買による購入
- 　金融商品取引法2条8項10号による有価証券の売買の媒介、取次ぎまたは代理をする場合におけるその売買
- 　事業の全部の譲受け
- 　組織再編成のうち、法人税法施行令23条3項および所得税法施行令61条1項に列挙されているもの
- 　**合併に反対する当該合併に係る被合併法人の株主等の買取請求に基づく買取り**
- 　**株式併合に係る反対株主の株式買取請求、単元未満株式の買取りの請求または一に満たない端数の処理による買取り**
- 　全部取得条項付種類株式を発行する旨の定めを設ける定款等の変更に反対する株主等の買取請求に基づく買取り（当該株主等に交付する当該買取りをする法人の株式の数が一に満たない端数となるものに限ります。）
- 　全部取得条項付種類株式に係る取得決議（当該取得決議に係る取得の価格の決定の申立てをした者でその申立てをしないとしたならば当該取得の対価として交付されることとなる当該取得をする法人の株式の数が一に満たない端数となるものからの取得に限ります。）
- 　取得請求権付種類株式の取得の対価として一株に満たない端数に相当する部分の対価としての金銭の交付
- 　取得請求権付種類株式に係る請求権の行使により、その取得の対価として取得法人の株式のみが交付される場合の請求権の行使（交付を受けた株式の時価が譲渡をした株式の時価とおおむね同額でないと認められる場合を除きます。）
- 　取得条項付種類株式に係る取得事由の発生により、その取得の対価として当該取得をされる株主等に取得法人の株式のみが交付される場合＊6の当該取得事由の発生（交付を受けた株式の時価が譲渡をした株式の時価とおおむね同額でないと認められる場合を除きます。）
- 　全部取得条項付種類株式に係る取得決議により、その取得の対価として当該取得をされる株主等に取得法人の株式のみが交

付される場合*7の当該取得決議（交付を受けた株式の時価が譲渡をした株式の時価とおおむね同額でないと認められる場合を除きます。）

＊7　株式および新株予約権のみが交付される場合を含みます。

- 非上場株式における相続株主からの自己株式の買取り（措法9の7）

- みなし配当を認識すべき自己株式の取得は、金銭その他の資産の交付を受けた場合に限定されているのに対し（法法24①柱書）、**現物分配による自己株式の取得**は、対価性のない行為であることから、みなし配当を認識する必要はないと解されています。

> 被合併法人の株主による反対株主の株式買取請求だと、みなし配当の特例が認められているけど、合併法人の株主やそれ以外の組織再編成だと認められていないのか。

（2）その他の株主

　第11章で解説した増資と同様に、時価を下回る金額で自己株式を買い取った場合には、その他の株主において受贈益の問題を検討する必要があり、時価を上回る金額で自己株式を買い取った場合には、その他の株主においてみなし譲渡益の問題を検討する必要があります。

　このうち、明文規定があるものは、自己株式を譲渡した者およびその他の株主が個人株主であるときにおける**贈与税の取扱い**のみとなります（相基通9-2、9-4）。

　そのため、それ以外の場合には、租税回避に該当する場合にのみ、同族会社等の行為計算の否認（法法132、所法157①）が適用されます。

（3）発行法人

① 基本的な取扱い

　法人税法上、自己株式を資産（有価証券）に計上せず（法法2二十一）、自己株式の取得の直前の資本金等の額を発行済株式総数

（自己株式を除きます。）で除して、取得した自己株式の数を乗じた金額を**資本金等の額**から減算します（法令8①二十イ）*8*9。

そして、自己株式の取得等により交付した金銭の額および金銭以外の資産の価額の合計額が取得資本金額を超える場合におけるその超える部分の金額を**利益積立金額**から減算します（法令9①十四）*10。

したがって、(1) ①の事案では、8,500千円（= 50,000千円×17％）が資本金等の額の減算項目として取り扱われ、331,500千円（= 195,000円 + 136,500円）が利益積立金額の減算項目として取り扱われます。なお、自己株式の取得に要した付随費用は、自己株式が有価証券でないことから、**支出時の損金の額に算入されます**[11]。

その結果、自己株式を処分した場合には、**募集株式の発行**と同じ処理を行い、自己株式を消却した場合には、すでに資本金等の額および利益積立金額から減算されていることから、**何ら処理を行いません**。

②　みなし配当が生じない場合

前述のように、株主において、みなし配当を認識しないという特例が定められています。株主においてみなし配当を認識しない場合には、発行法人においても、**利益積立金額から減算させずに、資本金等の額から減算させる**ことになります（法令8①二十一）。

しかしながら、**非上場株式における相続株主からの自己株式の買取り（措法9の7）の特例**については、個人株主において、みなし配当として取り扱わなかったとしても、**発行法人において、資本金等の額および利益積立金額が減少する**という点にご留意ください。

> マヤ
>
> みなし配当が発生する場合には利益積立金額が減少して、みなし配当が発生しない場合には利益積立金額が減少しないんだね。

③　時価と異なる金額で自己株式を買い取った場合

第11章で解説した増資と同様に、時価と異なる金額で自己株式を買い取った場合には、発行法人において、寄附金または受贈益を認

*8　当該法人の自己株式の取得等の直前の資本金等の額が零以下である場合には、資本金等の額を増減させず、交付した金銭の額および金銭以外の資産の価額の合計額を利益積立金額の減少として取り扱います。
*9　無償取得の場合には、交付した金銭の額および金銭以外の資産の価額の合計額が零であることから、みなし配当も発生せず、資本金等の額および利益積立金額も減少しません。
*10　交付した金銭の額および金銭以外の資産の価額の合計額が、自己株式の取得の直前の資本金等の額を発行済株式総数（自己株式を除きます。）で除して取得した自己株式の数を乗じた金額に満たない場合には、減算すべき資本金等の額は、交付した金銭の額および金銭以外の資産の価額の合計額になります。
*11　佐々木浩ほか『平成18年版改正税法のすべて』248頁（大蔵財務協会、平成18年）。

識すべきであるかという点が問題になります。

　この点については、法人税法上、自己株式の取得は**資本等取引**（法法22②③⑤）に該当することから、原則として、**寄附金または受贈益を認識すべきではない**と考えられます。

4　おわりに

　本章では、自己株式の取得について解説しました。自己株式の取得については、どのような場合にみなし配当が発生しないのかという点を理解する必要があります。もちろん、みなし配当が発生する場合におけるみなし配当の計算も重要になります。

　第13章で解説したその他資本剰余金の配当と同様に、発行法人における会計上の資本金、資本準備金およびその他資本剰余金の合計額と税務上の資本金等の額にズレが生じる場合があります。その場合には、法人税確定申告書別表五（一）において申告調整が必要になるという点に注意しましょう。

CHALLENGE!

コウジの言うように、被合併法人の株主による反対株主の株式買取請求には、みなし配当の特例が認められていますが、合併法人の株主やそれ以外の組織再編成には認められていません。
しかしながら、反対株主の株式買取請求による株式の買取りは、組織再編成の日に遡って効力が生じるのに対し、組織再編成の日においては金額不確定の状況にあることから、源泉所得税を徴収することが困難であるという問題があります（会法786⑥、798⑥、807⑥）。
実務上、どのように解決したらよいでしょうか。考えてみましょう。

第 15 章

5年後にきちんと買い取ってね
～種類株式～

マヤ

新潟フードの再生のために、古川ファンドが増資を引き受けるみたいなんだ。でも、ちょっとよく分からないのが、A種優先株式の増資を引き受けるみたいで、普通株式ではないらしいんだよ。

ユウタ

公認会計士試験で種類株式制度のことは勉強したけど、実際に見るのは初めてだよ。配当優先権、残余財産分配請求権、取得請求権とか、いろいろ権利が付されているね。
取得請求権も、取得の対価として、金銭と普通株式のいずれかを選べるようになっているよ。株価が上がれば普通株式、株価が下がれば金銭ということなのかな？

コウジ

でもさ、普通株式とA種優先株式を合算すると、A種優先株式の1株当たりの取得価額が1株当たりの資本金等の額を大きく上回っているから、自己株式として買い戻したときに、みなし配当が多額に発生してしまうよ。A種優先株式だけで資本金等の額を計算するような特例があればいいんだけど。

サトウ
先生

平成18年度に会社法が施行され、種類株式制度が整備されました。それまでも、種類株式は発行されていましたが、会社法の施行により選択肢が広がったといえます。
新潟フードの事例のように、再生案件で用いられることもあれば、ベンチャー企業の資金調達で用いられることもあります。
コウジの指摘は鋭いですね。A種優先株式を買い戻したときに、みなし配当が発生しますが、会社全体の資本金等の額により計算するのではなく、A種優先株式に係る種類資本金額により計算するという特例があります。

1 概　要

　会社法上、株式会社は、定款の定めにより、次に掲げる事項について異なる定めをした内容の異なる**2以上の種類の株式**を発行することができます（会法108）。

① 剰余金の配当（優先株式または劣後株式）

② 残余財産の分配（優先株式または劣後株式）

③ 株主総会における議決権（議決権制限株式）

④ 譲渡による株式の取得について発行会社の承認を要すること（譲渡制限株式）

⑤ 株主が発行会社に対してその取得を請求することができること（取得請求権付株式）

⑥ 発行会社が一定の事由が生じたことを条件としてこれを取得することができること（取得条項付株式）

⑦ 発行会社が株主総会の決議によってその全部を取得すること（全部取得条項付種類株式）

⑧ 株主総会（取締役会設置会社にあっては株主総会または取締役会）において決議すべき事項のうち、当該決議のほか、当該種類の株式の種類株主を構成員とする種類株主総会の決議があることを必要とするもの（黄金株）

⑨ 当該種類の株式の種類株主を構成員とする種類株主総会において取締役または監査役を選任すること（役員選任権付種類株式）[*1]

*1　指名委員会等設置会社および公開会社は、役員選任権付株式を発行することができません。

2 みなし配当の計算

　第14章で解説したように、自己株式の取得により金銭その他の資産の交付を受けた場合において、その金銭の額および金銭以外の資産の価額の合計額が当該法人の資本金等の額のうちその交付の基因となった当該法人の株式に対応する部分の金額を超えるときは、その超える部分の金額については、**みなし配当**として取り扱われます。

　ただし、2以上の種類株式を発行している場合には、種類株式ごとに**種類資本金額**を計算し、みなし配当の計算を行う必要があります（法令23①五ロ、所令61②五ロ）[*2]。

*2　種類資本金額を計算する場合には、法人税確定申告書別表五(一)付表「種類資本金額の計算に関する明細書」を添付する必要があります。

コウジ

5年後に種類株式を買い戻すときに、みなし配当と株式譲渡損が両建てになるのもおかしいから、こういう制度は大事だよね。

3 取得請求権付株式、取得条項付株式および全部取得条項付種類株式

　第14章で解説したように、取得請求権付株式、取得条項付株式または全部取得条項付種類株式を取得し、対価として金銭を交付するためには、分配可能額の範囲内で行う必要があります[*3]。ただし、対価として発行法人の株式を交付する場合には、分配可能額の規制は課されません。

　取得請求権付株式、取得条項付株式または全部取得条項付種類株式を発行法人が取得した場合には、これらの株式を譲渡した株主において、**みなし配当**および**株式譲渡損益**が発生します（第14章参照）。

　しかしながら、対価として**発行法人の株式**[*4]**のみ**が交付される場合には、**みなし配当および株式譲渡損益を認識しない**という特例が定められています（法法24①五、61の2⑭、所法25①五、57の4③）。ただし、交付を受けた株式の時価が譲渡をした株式の時価と**おおむね同額**でないと認められる場合には、これらの特例の適用を受けることができません。

*3　100%減資の手法として全部取得条項付種類株式を利用した場合には、無償で全部取得条項付種類株式を取得したうえで、新に株式を発行することになります。すなわち、無償による自己株式の取得であることから、分配可能額の規制は課されません。

*4　取得条項付株式および全部取得条項付種類株式については、発行法人の株式および新株予約権のみが交付される場合を含みます。

ユウタ

他の種類の株式に転換した場合には、みなし配当と株式譲渡損益は認識しないということだね。

4 おわりに

　本章では、種類株式について解説しました。種類株式の事例を見てみると、取得請求権と取得条項の両方が付されているものもあれば、片方のみが付されているものもあります。

　会社法が導入されて約15年が経過したこともあり、様々な場面で種類株式が利用されています。種類株式における税務上の取扱いについては、みなし配当と株式譲渡損益のところがポイントになるという点に注意しましょう。

CHALLENGE!

取得条項付株式または全部取得条項付種類株式の対価として普通株式を発行した場合に、1株に満たない端数が生じることがあります。1株に満たない端数に対しては、金銭を交付する必要があるため（会法234①一、二）、対価として発行法人の株式のみが交付されているといえるのかという点が問題になります。

この場合には、①1株に満たない端数に対して金銭の交付を受けた株主、②それ以外の株主において、みなし配当および株式譲渡損益を認識する必要はあるのでしょうか。考えてみましょう。

第16章 100％子会社にしたいんだ
~株式交換~

小室社長が小室運輸を小室商事の100％子会社にしたいみたいだよ。株式交換という手法で少数株主の保有比率を減らしたいらしい。小室運輸の服部さんの保有比率が5％くらいなんだけど、株式交換後は小室商事の株式を1％も保有できないみたいなんだよ。

1％未満になってしまうと、少数株主権も制限されてしまうから（第1章参照）、良い手法かもしれないね。たしか、株式交換は、組織再編税制の一部になっているって、法人税の授業で習った気がするわ。非適格株式交換だと何か課税されると思うんだけど、一体、何が課税されるんだろう？

ちょっと待ってよ。株式交換は株主が変わるだけの制度だよね。対価として小室商事の株式が交付されても担税力がないから、非適格株式交換だからといって課税されるのはおかしいと思うんだけど。

マヤの言うとおり、株式交換は、組織再編税制の中で規定されています。そして、非適格株式交換に該当した場合には、株式交換完全子法人の保有していた資産の含み損益を実現させる必要があります。
コウジは少し勘違いしているみたいですね。非適格株式交換であることを理由に課税されるのは小室運輸であって、小室運輸の株主ではありません。小室運輸の株主からすると、株式交換完全親法人株式のみの交付を受けていることから、株式譲渡損益を認識する必要はありません。
実務上、株式交換を行う理由として、①金銭を使わずに100％子会社にしたい、②譲渡をしてくれない少数株主から強制的に買い取りたい、というものがあります。このうち、②については、スクイーズアウトによる手法を利用することもあるので、第17章でまとめて解説します。

1 概 要

　株式交換とは、株式会社がその発行済株式の全部を他の株式会社または合同会社に取得させることをいいます（会法2三十一）。株式交換を行う場合には、原則として、株式交換完全親法人および株式交換完全子法人の**株主総会の特別決議**[*1][*2]が必要になります（会法309、783①、795①）。

　すなわち、株式交換とは、株主総会の特別決議によって100％子会社にする手法のことをいいます。第18章で解説する株式移転と比較すると、**既存の法人の100％子会社にする手法**を株式交換といい、新たに設立する法人の100％子会社にする手法を株式移転といいます。

＊1　簡易株式交換（会法784）、略式株式交換（会法796）に該当する場合には、株主総会の決議は不要となります。
＊2　株式交換完全親法人が合同会社である場合には、当該株式交換完全親法人の総社員の同意が必要になります（会法802①）。

株式交換

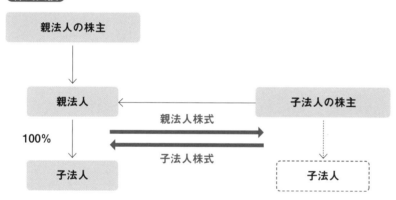

2 制度の概要

　平成18年度税制改正により、**税制適格要件を満たさない株式交換**[*3]を行った場合には、株式交換完全子法人の保有する**資産の含み損益**を益金の額または損金の額に算入することになりました（法法62の9①）。

　ただし、平成29年度税制改正により、株式交換完全親法人が株式交換完全子法人の発行済株式総数の**3分の2以上を直接に保有**している場合には、金銭等不交付要件が課されなくなったため、後述するように、**非適格株式交換はほとんど行われていません。**

＊3　完全支配関係のある法人間で行われる株式交換を除きます。

3 時価評価対象資産

非適格株式交換を行った場合に、時価評価の対象となる資産には、以下のものが挙げられます（法法62の9①）。ただし、制度の簡素化のために、**帳簿価額が10百万円に満たない資産**は、時価評価の対象から除外されています（法令123の11①四）。

- ・ 固定資産
- ・ 土地（土地の上に存する権利を含む。）
- ・ 有価証券
- ・ 金銭債権
- ・ 繰延資産

マヤ

営業権（のれん）は、帳簿価額が10百万円未満であることが多いから、時価評価課税の対象にはならないんだね。

4 税制適格要件

株式交換における税制適格要件は、下表のとおりです（法法2十二の十七）。

税制適格要件

完全支配関係	支配関係	共同事業
(イ)金銭等不交付要件	(イ)金銭等不交付要件 (ロ)従業者従事要件 (ハ)事業継続要件	(イ)金銭等不交付要件 (ロ)従業者従事要件 (ハ)事業継続要件 (ニ)事業関連性要件 (ホ)事業規模要件または特定役員引継要件 (ヘ)株式継続保有要件 (ト)完全親子関係継続要件

上記のように、支配関係のある法人と株式交換を行う場合には、**3つの要件**を満たす必要があります。そのため、株式交換により株式交換完全親法人株式のみを交付する場合には、**従業者従事要件**および**事業継続要件**を満たせば税制適格要件を満たすことができます。

これに対し、前述のように、会社法上、株式交換を行うためには、**株主総会の特別決議**が必要になります。そのため、相対取引*4 により発行済株式総数の**3分の2以上の株式**を取得してから、株式交換を行うという手法があります。

株式交換完全親法人が株式交換完全子法人の発行済株式総数の**3分の2以上を直接に保有**している場合には、金銭等不交付要件が課されないことから、現金交付型株式交換を行ったとしても、**従業者従事要件**および**事業継続要件**を満たせば、税制適格要件を満たすことができます。

＊4　当事者同士が、譲渡の対象となる株式数、譲渡価額などを決定して行う取引のことをいいます。

株式取得後の株式交換（適格株式交換）

ステップ1：株式取得

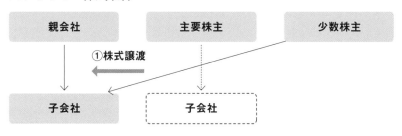

ステップ2：株式交換

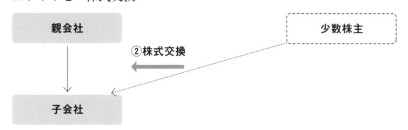

その結果、実務上、非適格株式交換に該当する事案のほとんどが、株式交換後に**完全支配関係または支配関係が継続することが見込まれていない場合**であり、それ以外の事案において、非適格株式交換に該当することはほとんどありません。

株式交換後に完全支配関係または支配関係が継続することが見込まれていない事案として、M＆Aのために、**被買収会社の支配株主を株式交換完全親法人とする株式交換を行ってから、被買収会社株式を譲渡する事案**が考えられます。

株式交換後の株式譲渡（非適格株式交換）

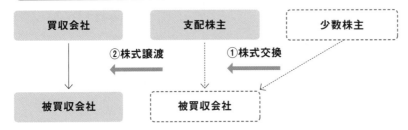

ユウタ　M＆Aの前に株式交換をすると非適格株式交換に該当してしまうのは、なんか変だよね。

5　三角株式交換

　会社法上、株式交換完全親法人株式ではなく、その**100％親会社の株式**を交付することがあります。法人税法上、三角株式交換についても、金銭等不交付要件に抵触しないように整備されています*5。

三角株式交換

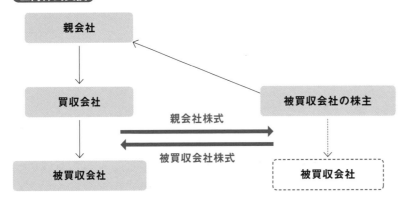

*5　株式交換完全子法人の株主に株式交換完全親法人株式または株式交換完全支配親法人株式のいずれか一方の株式または出資以外の資産が交付されない場合に金銭等不交付要件を満たすものとしたうえで、株式交換完全支配親法人株式の定義を、①株式交換の直前に株式交換完全親法人と親法人との間に、当該親法人による完全支配関係があり、かつ、②当該株式交換後に当該株式交換完全親法人と当該親法人との間に当該親法人による完全支配関係が継続することが見込まれている場合における当該親法人の株式または出資としています（法令4の3⑰）。

6　現金交付型株式交換

　会社法上、株式交付型株式交換ではなく、現金交付型株式交換も認められています。

　平成29年度税制改正により、株式交換完全親法人が株式交換完全子法人の発行済株式総数の**3分の2以上を直接に保有**している場合には、金銭等不交付要件が課されなくなりました。そのため、他の要件を満たす場合には、適格株式交換に該当させることができます。

　ただし、株式交換完全親法人が株式交換完全子法人の発行済株式総数の**3分の2以上を間接に保有**している場合、**同一の者によって株式交換完全親法人と株式交換完全子法人の発行済株式総数の3分の2以上を保有**されている場合には、金銭等不交付要件が課されてしまいます。

　現金交付型株式交換は、スクイーズアウトと比較されることが多いので、第17章でまとめて解説します。

7 株式交換完全子法人の株主の処理

(1)法人税および所得税

　株式交換を行った場合には、株式交換完全子法人の株主が株式交換完全子法人株式を譲渡しているので、原則として、株式譲渡損益を認識する必要があります。

　しかし、**株式交換完全親法人株式（または100％親会社の株式）のみを交付する株式交換**を行った場合には、株式譲渡損益を認識する必要はありません（法法61の2⑨、所法57の4①）。これは、非適格株式交換に該当した場合であっても同様です。

(2)消費税

　株式交換であっても、株式の譲渡であることから、消費税法上、**非課税売上**が発生します。ただし、株式の譲渡価額の**5％**のみが非課税売上として課税売上割合の計算に算入されます（消令48⑤）。

コウジ　株式交換完全子法人の株主からすると、株式交換完全親法人株式のみの交付を受けていれば、非適格株式交換であっても課税されないんだね。

8 株式交換完全親法人の処理

(1)法人税

　株式交換完全親法人株式を交付する株式交換を行った場合には、株式交換完全子法人株式の取得価額に相当する部分の金額について、利益積立金額を増加させずに、資本金等の額を増加させます（法令8①十）。

【税務上の仕訳】

（子法人株式）　　　×××　　　　　　　（資本金等の額）　　×××

　ここで留意が必要なのは、受け入れる株式交換完全子法人株式の取得価額です。会計と異なり、税務上は、以下のように取り扱います。

① **非適格株式交換のうち、完全支配関係のある法人間で行われる株式交換以外のもの（法令119①二十七）**
　株式交換完全子法人株式の取得のために通常要する価額

② **適格株式交換または完全支配関係のある法人間で行われる株式交換のうち、金銭等を交付しない株式交換（法令119①十）**
　（ⅰ）株式交換完全子法人の株主の数が**50人未満**である場合
　　　株式交換完全子法人の株主が有していた**株式交換完全子法人株式の帳簿価額**に相当する金額の合計額
　（ⅱ）株式交換完全子法人の株主の数が**50人以上**である場合
　　　株式交換完全子法人の**簿価純資産価額**に相当する金額*6

③ **現金交付型株式交換（法令119①二十七）**
　株式交換完全子法人株式の取得のために通常要する価額

(2)会 計

　株式交換を行った場合には、株式交換完全親法人が株式交換完全

*6　株式交換の直前に、株式交換完全親法人が株式交換完全子法人株式を有していた場合には、「株式交換完全子法人の簿価純資産価額に相当する金額×株式交換により取得をした株式交換完全子法人株式の数／株式交換完全子法人の発行済株式総数」により算定します。

子法人株式を取得し、対価として株式交換完全親法人株式を交付します。そして、会計上、増加した株主資本の額は、**資本金の額、資本準備金およびその他資本剰余金**に任意に配分します（計規39②本文）。

しかし、株式交換を行った場合には、**債権者異議手続きを行わない限り**、その他資本剰余金に配分することは認められておらず、**資本金の額および資本準備金**に配分する必要があります（計規39②但書）。

なお、会社法上、株式交換を行った場合に債権者異議手続きが必要になるのは、現金交付型株式交換を行う場合や新株予約権付社債が発行されていた場合であるため（会法799①三）、債権者異議手続きが不要な場合がほとんどです。このような債権者異議手続きが不要な場合に、敢えて債権者異議手続きを行うことによりその他資本剰余金に配分することができないという説があるため、注意しましょう。

【完全親法人の仕訳】

（子法人株式）	×××	（資　本　金）	×××
		（資本準備金）	×××

　上記の仕訳では、受け入れる株式交換完全子法人株式の取得価額について留意が必要になります。

　すなわち、株式交換により**少数株主から追加取得**をした場合には、原則として、株式交換完全子法人株式を**時価**で認識します（結合指針236）。ただし、同一の株主により支配されている法人同士の株式交換の場合には、株式交換完全子法人の**簿価純資産価額**を基礎に計算すべきであると考えられます（結合指針236-5参照）。

マヤ　株式交換で資本金等の額が増えてしまうから、住民税均等割にも気を付けないといけないね。

9 おわりに

　本章では、株式交換について解説しました。一般的に、小室社長の事案のように、グループ会社を100％子会社にすることにより、機動的に経営を行うことができるようになります。

　そして、支配関係が成立していることから、税制適格要件を容易に満たすことができるため、実務上のハードルはそれほど高くはありません。

⚙ CHALLENGE!

株式交換に伴って、その他資本剰余金に配分できずに、資本準備金に配分した場合において、子会社株式に係る会計上の帳簿価額が税務上の帳簿価額よりも大きくなる事案が考えられます。

その結果、会計上の資本金および資本準備金の合計額が税務上の資本金等の額より大きくなることがあります。このような場合には、会計上の資本金および資本準備金の合計額により住民税均等割の計算を行うため、住民税均等割額が大きくなる可能性があります（地法52④、312⑥）。

このような問題に対しては、どのように解決したらよいでしょうか。考えてみましょう。

第 **17** 章 今までお世話になりました
～スクイーズアウト～

コウジ

サトウ先生のところに、スクイーズアウトの仕事がたくさん来ているね。スクイーズアウトって、少数株主から強制的に株式を買い取るだけの制度だよね。株価算定以外に、税務上の論点なんかあるのかな？

マヤ

たしか、株式交換は、組織再編税制の一部になっていたよね（第16章）。スクイーズアウトも、強制的に100％子会社にする方法なんだから、きっと、株式交換と同じように、組織再編税制で規定されているんじゃないかな？

ユウタ

そうなると、スクイーズアウト後に支配関係が継続すれば、支配関係内のスクイーズアウトに該当するから、税制適格要件を満たすのも、それほど難しくはなさそうだね。

サトウ
先生

マヤの言うとおり、株式交換・移転、スクイーズアウトは、組織再編税制の中で規定されています。そして、スクイーズアウト税制は、株式交換税制に足並みを揃えたため、株式交換とスクイーズアウトを総称して「株式交換等」といいます。

税制適格要件を満たすためには、スクイーズアウトの直前における支配関係の成立とスクイーズアウト後の支配関係の継続が要求されています。少数株主対策のためにスクイーズアウトをするのであれば、支配関係が継続することが一般的なので、容易に税制適格要件を満たすことができます。

そのほか、支配株主が個人である場合には、税制適格要件を検討するまでもなく、時価評価課税の対象から除外されます。本章では、スクイーズアウトについて学びます。

1 制度の概要

平成18年度税制改正により、**税制適格要件を満たさない株式交換・移転**[*1]を行った場合には、完全子法人[*2]の保有する**資産の含み損益**を益金の額または損金の額に算入することになりました（法法62の9①）。

さらに、平成29年度税制改正により、スクイーズアウトにより少数株主を締め出した場合であっても、株式交換を行った場合と同様に、**税制適格要件を満たさない事案**に対しては、**時価評価課税**の対象になりました（法法62の9）。

*1　完全支配関係のある法人間で行われる株式交換・移転を除きます。
*2　株式交換完全子法人と株式移転完全子法人を総称したうえで、完全子法人と表記しています。なお、後述するスクイーズアウトにより100%子会社になる法人についても完全子法人と表記しています。

2 現金交付型株式交換

会社法上、株式交付型株式交換ではなく、現金交付型株式交換も認められています。

第16章で解説したように、平成29年度税制改正により、株式交換完全親法人が株式交換完全子法人の発行済株式総数の**3分の2以上を直接に保有**している場合には、金銭等不交付要件が課されなくなりました。

そして、実務上、発行済株式総数の3分の2に満たない株式しか保有していない場合には、現金交付型株式交換に先立って、**株主総会の特別決議**（会法309②十二）を支配できるようにするために、株式交換完全親法人となる法人が株式交換完全子法人となる法人の発行済株式総数の**3分の2以上の株式**を取得することが一般的です。

実務上、支配株主が少数株主対策のために株式交換を行う場合には、**支配関係が継続することが見込まれている**ことがほとんどだと思われます。その結果、**従業者従事要件**および**事業継続要件**を満たせば、税制適格要件を満たすことができるのです。

3 支配株主がスクイーズアウトを行う場合

現在の会社法では、以下の手法により、少数株主を締め出すことが認められています（本書では、これらの手法を**スクイーズアウト**と総

称します。）。

① 全部取得条項付種類株式*3

② **株式併合***4

③ **株式等売渡請求***5

スクイーズアウトは、完全子法人の発行済株式の全部を取得し、その対価として金銭を交付するという意味で、現金交付型株式交換と実質的に変わりません。そのため、平成29年度税制改正により、株式交換に足並みを揃えた制度になりました。ただし、スクイーズアウトにより金銭を交付したとしても、**金銭等不交付要件に抵触しない**という特例が定められています（法法2十二の十七）。

そして、いずれの手法を採用するにしても、会社法上、スクイーズアウトの前に、発行済株式総数の**3分の2以上の株式**または発行済株式総数の**90％以上の株式**を保有している必要があります（会法179①、309②四）。そのため、発行済株式総数の3分の2に満たない株式しか保有していない場合には、スクイーズアウトに先立って、支配株主が完全子法人となる法人の株式を買い集めることにより、保有比率を引き上げることが一般的です。

実務上、支配株主がスクイーズアウトを行う場合には、**支配関係が継続することが見込まれている**ことがほとんどだと思われます。その結果、**従業者従事要件**および**事業継続要件**を満たせば、税制適格要件を満たすことができるのです。

4　M&Aに先立ってスクイーズアウトを行う場合

(1)被買収会社の支配株主が法人である場合

M&Aに先立って、被買収会社の支配株主がスクイーズアウトを行う場合には、スクイーズアウト後に被買収会社株式を買収会社に譲渡することから、支配関係が継続することが見込まれていないため、**非適格株式交換等**に該当してしまいます。

*3　株主総会の特別決議により株式の全部を取得することができる旨が定款に定められた種類株式をいいます（会法108①七、309②三）。そして、全部取得条項付種類株式を利用した手法とは、株式併合と同様に、株主総会の特別決議により、1株に満たない端数にしたうえで、キャッシュ・アウトする手法をいいます。この手法は、平成26年改正前会社法の時代では、株式併合の代替的な手法として利用されていましたが、平成26年改正会社法が施行された後には、ほとんど利用されなくなりました。

*4　株式併合を利用した手法とは、株式総会の特別決議により、1株に満たない端数にしたうえで、キャッシュ・アウトする手法をいいます（会法180②、309②四）。例えば、100株を1株にする株式併合を行った場合には、100株未満の株式しか保有していない少数株主を締め出すことが可能になります。

*5　厳密には、「特別支配株主の株式等売渡請求」といいます。そして、株式等売渡請求を利用した手法とは、特別支配株主（原則として、対象会社の議決権を90％以上保有する株主）が、他の株主全員に対して売渡しを請求する手法をいいます（会法179①）。

(2)被買収会社の支配株主が個人である場合

　会社法上、株式交換と異なり、スクイーズアウトの手法は、支配株主が法人ではなく、個人である場合であっても利用することが認められています。

　しかし、法人税法2条12号の16に規定する株式交換等は、スクイーズアウトにより、**法人との間に完全支配関係を有することとなるもの**に限定されています。そのため、支配株主が個人である場合には、そもそも**株式交換等に該当しない**ことから、税制適格要件を検討するまでもなく、時価評価課税の対象にはなりません。

　このように、スクイーズアウトを行ったとしても、時価評価課税が問題になることはほとんどありません。

スクイーズアウト税制

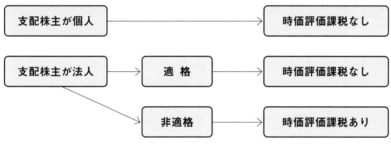

ユウタ　支配株主が個人であれば、時価評価課税はないんだね。

5　スクイーズアウトを行ってから逆さ合併をする場合

　平成31年改正前法人税法では、スクイーズアウトを行った後に、完全親法人を被合併法人とし、完全子法人を合併法人とする適格合併を行うことが見込まれている場合には、支配関係が継続することが見込まれていないことを理由として、非適格株式交換等に該当してしまうという問題がありました。

　しかし、平成31年度税制改正により、①完全親法人を被合併法人とし、完全子法人を合併法人とする適格合併、②完全子法人を被合併法人とし、完全親法人を合併法人とする適格合併のいずれであっても、スクイーズアウトにおける税制適格要件の判定上、**適格合併の直前まで支配関係が継続することが見込まれていれば**、グループ内の株式交換等に該当することになりました。

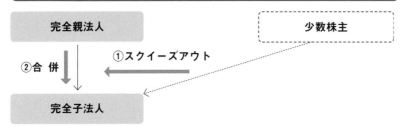

完全親法人を被合併法人、完全子法人を合併法人とする適格合併を行うことが見込まれている場合

完全親法人を合併法人、完全子法人を被合併法人とする適格合併を行うことが見込まれている場合

6　おわりに

　本章では、スクイーズアウトについて解説しました。

　支配株主が少数株主を締め出すためにスクイーズアウトを行う場合には、非適格株式交換等に該当することはほとんどありませんが、M&Aに先立って被買収会社の支配株主がスクイーズアウトを行う場合には、非適格株式交換等に該当することもあるため、注意しましょう。

C HALLENGE!

従業者および事業のない資産管理会社が事業会社を支配している場合において、資産管理会社の少数株主を締め出すために、スクイーズアウトを検討しています。

しかしながら、従業者および事業がないことから、従業者従事要件および事業継続要件を満たすことができず、資産管理会社の保有する資産に対する時価評価課税が課されてしまいます。

このような場合に、税制適格要件を満たすためには、どのようにしたらよいでしょうか。考えてみましょう。

資産管理会社の買収

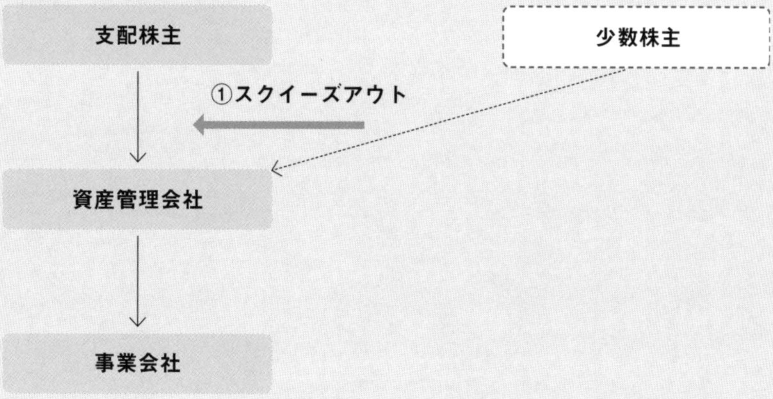

支配株主		少数株主

①スクイーズアウト

資産管理会社

事業会社

第18章 持株会社は必要なの?
~株式移転~

竹内社長が持株会社を設立したいと言ってたよ。持株会社の下に事業会社を並列させて、グループ経営を効率化したいみたいなんだ。いずれは長男に持株会社の社長をやらせるつもりなんだけど、事業会社のうち半分くらいは違う人に社長をやらせるつもりらしいんだ。

でもさ、竹内グループには、事業会社が10社くらいあったけど、外部株主がいる会社もあったよね。そういう株主たちは、持株会社を経由しないと事業会社に口出しできなくなるよね。株主たちは文句を言ってこないのかな?

たしかに、竹内社長には悪気はないのかもしれないけど、文句を言ってくる株主もいるかもしれないね。株式買取請求権を行使してくる株主もいるかもしれない(第4章参照)。
事前に、株主たちにきちんと説明しておかないと、いろいろ揉めるかもしれないね。

マヤの言うとおり、株式移転により持株会社を設立することにより、持株会社の下に事業会社を並列化させることができます。さすがに10社も事業会社があると、事業会社の社長は別の人にやらせて、持株会社がそれを管理する体制のほうがよいのかもしれません。
コウジとユウタの指摘は鋭いです。竹内社長には悪気はありませんが、少数株主に口出しをされないようにするために、持株会社を設立しようとする人もいるため、少数株主が懐疑心を持つかもしれません。
反対株主の株式買取請求が行われると、支配株主にとっての株式価値で買い取る必要があるため、多額の買取資金が必要になることがあります。

132

1 概 要

　株式移転とは、一または二以上の株式移転完全子法人となる株式会社がその発行済株式の全部を新たに設立する株式移転完全親法人となる株式会社に取得させることをいいます（会法2三十二）。第16章で解説した株式交換と比較すると、既存の法人の100％子会社にする手法を株式交換といい、**新たに設立する法人の100％子会社にする手法**を株式移転といいます。

　共同株式移転により持株会社を設立した場合には、事業会社の株主は持株会社の株主になります。

株式移転

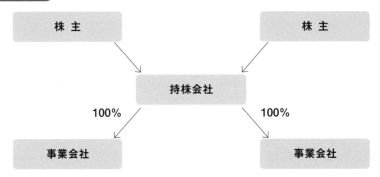

2 制度の概要

　平成18年度税制改正により、**税制適格要件を満たさない株式移転**[*1]を行った場合には、株式移転完全子法人の保有する**資産の含み損益**を益金の額または損金の額に算入することになりました（法法62の9①）。

　具体的な税務処理については、第16章で解説した株式交換と変わりませんが、吸収型再編である株式交換と異なり、新設型再編である株式移転においては、**現金交付型株式移転や三角株式移転の制度が認められていない**という点が異なります。

*1　完全支配関係のある法人間で行われる共同株式移転を除きます。

3　税制適格要件

株式移転における税制適格要件は、下表のとおりです（法法２十二の十八）。

税制適格要件

完全支配関係	支配関係	共同事業
（イ）金銭等不交付要件	（イ）金銭等不交付要件 （ロ）従業者従事要件 （ハ）事業継続要件	（イ）金銭等不交付要件 （ロ）従業者従事要件 （ハ）事業継続要件 （ニ）事業関連性要件 （ホ）事業規模要件または特定役員引継要件 （ヘ）株式継続保有要件 （ト）完全親子関係継続要件

上記のように、支配関係のある法人と株式移転を行う場合には、**3つの要件**を満たす必要があります。そのため、株式移転により株式移転完全親法人株式のみを交付する場合には、**従業者従事要件**および**事業継続要件**を満たせば税制適格要件を満たすことができます。

竹内社長の事案のように、竹内社長が支配する事業会社による共同株式移転を行う場合には、容易に税制適格要件を満たすことができます。税制適格要件を満たすことができない事案として、①**株式移転完全子法人のうち、解散やM＆Aが予定されている会社がある場合**、②**株式移転完全子法人のうち、従業者や事業が存在しない会社がある場合**が考えられますが、それ以外の場合であれば、ほとんどの事案が税制適格要件を満たすことができると考えられます。

4　株式移転完全子法人の株主の処理

（1）法人税および所得税

株式移転を行った場合には、株式移転完全子法人の株主が株式移転完全子法人株式を譲渡しているので、原則として、株式譲渡損益を認識する必要があります。

しかし、**株式移転完全親法人株式のみを交付する株式移転**を行った場合には、株式譲渡損益を認識する必要はありません（法法61の

2⑪、所法57の4②）。これは、非適格株式交移転に該当した場合であっても同様です。

（2）消費税

　株式移転であっても、株式の譲渡であることから、消費税法上、**非課税売上**が発生します。ただし、株式の譲渡価額の**5％**のみが非課税売上として課税売上割合の計算に算入されます（消令48⑤）。

5　株式移転完全親法人の処理

（1）法人税

　株式移転完全親法人株式を交付する株式移転を行った場合には、株式移転完全子法人株式の取得価額に相当する部分の金額について、利益積立金額を増加させずに、資本金等の額を増加させます（法令8①十一）。

【税務上の仕訳】

（子法人株式）　　　×××　　　　　　　（資本金等の額）　　　×××

　ここで留意が必要なのは、受け入れる株式移転完全子法人株式の取得価額です。会計と異なり、税務上は、以下のように取り扱います。

①　**非適格株式移転のうち、完全支配関係のある法人間で行われる株式移転以外のもの**（法令119①二十七）
　　株式移転完全子法人株式の取得のために通常要する価額

②　**適格株式移転または完全支配関係のある法人間で行われる株式移転**（法令119①十二）
　（ⅰ）株式移転完全子法人の株主の数が**50人未満**である場合
　　　　株式移転完全子法人の株主が有していた**株式移転完全子法人株式の帳簿価額**に相当する金額の合計額

（ⅱ）株式移転完全子法人の株主の数が**50人以上**である場合

株式移転完全子法人の**簿価純資産価額**に相当する金額

(2)会 計

　株式移転を行った場合には、株式移転完全親法人が株式移転完全子法人株式を取得し、対価として株式移転完全親法人株式を交付します。そして、会計上、増加した株主資本の額は、**資本金の額、資本準備金およびその他資本剰余金**に任意に配分します（計規52②）。

　なお、第16章で解説した株式交換と異なり、**債権者異議手続きを行っていなくても**、その他資本剰余金に配分することができます。

【完全親法人の仕訳】

（子法人株式）	×××	（資　本　　　金）	×××
		（資　本　準　備　金）	×××
		（その他資本剰余金）	×××

　ここで留意が必要なのは、受け入れる株式移転完全子法人株式の取得価額です。同一の株主により支配されている法人同士の株式移転の場合には、株式移転完全子法人の**簿価純資産価額**を基礎に計算すべきであると考えられます（結合指針239参照）。

マヤ　株主の数が50人未満である場合に、その他資本剰余金として受け入れるのであれば、持株会社の資本金等の額は、事業会社の株主の帳簿価額を合算した金額と等しくなるから、住民税均等割もそれほど多額にはならないかもしれないね。

6 おわりに

　本章では、株式移転について解説しました。事業会社の数が増えてくると持株会社による経営を行いたいというニーズが増えてきます。

　また、本書では解説を省略しますが、相続税対策の一環として株式移転が行われることもあるため、大企業のみならず、中小企業においても、株式移転が利用されることがあります。

CHALLENGE!

株式移転後に事業会社から持株会社に配当を行った場合には、受取配当等の益金不算入、所得税額控除はどのように取り扱われるのでしょうか。調べてみましょう。

ユウタ

会社法が変わって、株式交付の制度が導入されたよね。これで、株式対価M＆Aが可能になったけど、株式交換と何が違うんだろう？

マヤ

株式交換の場合には、強制的に100％子会社にすることができたけど、株式交付の制度は、株式を譲渡したい人だけが株式を譲渡する制度だから、100％子会社にすることはできないよね。
株式を購入する対価が現金ではなく、自社株式になるだけだから、株式交換とは全然違う制度だと思うわ。

コウジ

たしかにそのとおりだね。でも、株式交付の対価は、親法人株式だけとは限らないよ。親法人株式と現金の両方を交付する株式交付の場合には、株式交換と同様に債権者異議手続きが定められているし（会法816の8①）*1。
会社法上の制度としては、株式交換に近いんじゃないかな？

サトウ
先生

マヤの言うとおり、株式交換は100％子会社にする手法であるのに対し、株式交付は子会社にする手法に過ぎないので、譲渡を希望しない株主がいる場合には、100％子会社にすることができません。
コウジの言うとおり、親法人となる法人において、株主総会の特別決議が必要になりますが（会法816の3①、309②十二）、簡易株式交付の要件を満たした場合には、株主総会の特別決議を省略することができます（会法816の4①）。そのため、会社法上は、株式交換を意識しながら制度設計がされているといえます。
新しい制度ですので、どれくらい利用されるのかは不明ですが、きちんと理解しておく必要があると思います。

1 概 要

令和元年に会社法が改正され、株式交付の制度が導入されました。株式交付とは、株式会社が他の株式会社をその子会社とするために当該他の株式会社の株式を譲り受け、当該株式の譲渡人に対して当該株式の対価として当該株式会社の株式を交付することをいいます（会法2三十二の二）。

株式交換と異なり、株式交付の制度は、100％子会社にする手法ではなく、自社株式を対価として、子会社化する手法に過ぎません。そのため、**組織再編税制の対象とはされていません**。

ただし、令和3年度税制改正により、子法人の株主における株式譲渡損益の繰延べについての特例が導入されました。

*1　株式交付により親法人株式をまったく交付しないことは想定されていないため、現金を交付する株式交付を行うためには、現金と親法人株式の両方を交付する株式交付を行うことになります（会法774の3①三）。

株式交付

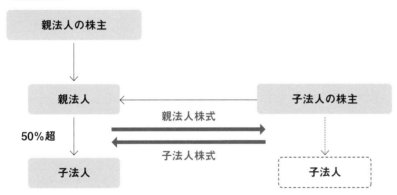

2 子法人の株主の処理

(1)法人税および所得税

株式交付を行った場合には、子法人の株主が子法人株式を譲渡しているので、原則として、株式譲渡損益を認識する必要があります。

しかし、**親法人株式のみを交付する株式交付**を行った場合には、株式譲渡損益を認識する必要はありません（措法37の13の3、66の2の2）*2。

*2　厳密には、対価として交付を受けた資産の価額のうち親法人株式の価額が80％以上である場合に、親法人株式に対応する部分の譲渡損益を繰り延べることとしています。

(2) 消費税

株式交付であっても、株式の譲渡であることから、消費税法上、**非課税売上**が発生します。ただし、株式の譲渡価額の**5％**のみが非課税売上として課税売上割合の計算に算入されます（消令48⑤）。

3 　親法人の処理

(1) 法人税

親法人株式を交付する株式交付を行った場合には、子法人株式の取得価額に相当する部分の金額について、利益積立金額を増加させずに、資本金等の額を増加させます（措令39の10の3④三）。

【税務上の仕訳】

（子法人株式）　　　　×××　　　　　　　　（資本金等の額）　　　×××

基本的な考え方は、第16章で解説した株式交換と変わりません（措令39の10の3④一）。

(2) 会　計

株式交付を行った場合には、会計上、増加した株主資本の額を**資本金の額、資本準備金およびその他資本剰余金**に任意に配分します（計規39の2②本文）。

しかし、株式交付を行った場合には、**債権者異議手続きを行わない限り**、その他資本剰余金ではなく、**資本金の額および資本準備金**に配分する必要があります（計規39の2②但書）。

なお、会社法上、株式交付を行った場合に債権者異議手続きが必要になるのは、親法人株式だけでなく、それ以外の資産も交付する株式交付であるため（会法816の8①）、債権者異議手続きが不要な場合がほとんどです。このような債権者異議手続きが不要な場合に、敢えて債権者異議手続きを行うことによりその他資本剰余金に配分することができないという説があるため、注意しましょう。

【親法人の仕訳】

(子法人株式)	×××	(資　本　金)	×××
	×××	(資本準備金)	×××

　上記の仕訳では、株式交付により**子会社化**をしていることから、原則として、子法人株式を**時価**で認識する必要があります（計規39の2①一）。なお、実務上、稀であると思われますが、共通支配下の取引と認められる場合には、子法人の財産の株式交付の直前の帳簿価額を基礎として算定することもあります（計規39の2①二）。

マヤ

> 株式交換と同様に、株式交付で資本金等の額が増えてしまうから、住民税均等割にも気を付けないといけないね。

4 おわりに

　本章では、株式交付について解説しました。株式交付の制度は、株式交換と異なり、100％子会社にする手法ではないという点がポイントになります。

　まだ、できたばかりの制度ですので、どのように利用されるのか注目しておく必要があると思います。

CHALLENGE!

株式交付とは、株式会社が他の株式会社を子会社にするための手法をいいます。

それでは、発行済株式総数の55％を保有している子会社の株式を追加取得し、発行済株式総数の3分の2以上を保有する関係にするために、株式交付の制度を利用することができるのでしょうか。考えてみましょう。

第20章 親と子どもは違うよね
～相続人に対する株式の売渡請求～

山口社長から株主対策についての相談があったみたいだよ。どうやら、今の株主には不満がないけど、相続で株式が分散することを心配しているみたいなんだ。

司法試験の勉強で「相続人に対する株式の売渡請求」について習ったけど、こういうときに利用できるんじゃないかな？

でも、山口社長の相続のときにはどうするんだろう？ 事業承継の本で読んだんだけど、相続クーデターが起きて、山口社長の相続人が締め出される可能性もあるみたいなんだ。でも、本当にそんなことあるのかな？

たしかに理屈上は、相続クーデターは考えられるのかもしれないね。でも、山口社長が保有している株式のすべてを買い取るためには、莫大な資金が必要になるわ。分配可能額の問題（第14章参照）もあるし、そもそもの資金の問題もある。相続クーデターなんか起きないと思うんだけど。

譲渡制限が付されている株式であっても、相続その他の一般承継の場合には、株主名簿の名義書換えを行うために、株主総会または取締役会の承認を得る必要はありません（会法134四）。そのため、山口社長が心配しているように、相続により株式が分散されることが考えられます。さらに、当初の株主とは信頼関係を築けたとしても、その相続人と信頼関係が築けるとは限りません。

これを解決するための手法として、会社法上、相続人に対する株式の売渡請求が認められています。たしかに、ユウタが心配しているように相続クーデターの議論はあったのですが、マヤの言うように、現実的に相続クーデターが起きる可能性はほとんどないと思います。

1 制度の概要

少数株主から株式を買い取る場合には、第17章で解説したスクイーズアウトの手法を用いる場合を除き、少数株主の同意が必要になります。

そのため、寝た子を起こしたくないということで、少数株主の相続のタイミングで株式を買い戻したいというニーズがあります。さらに、山口社長の事案のように、今の少数株主には不満がないけど、相続により株式が分散することを防ぎたいというニーズもあります。

コウジの言うように、このようなニーズに対応するために、会社法上、**相続人等に対する売渡請求**の制度が認められています（会法174）。具体的には、相続その他の一般承継により株式を取得した者に対して、当該株式を発行法人に売り渡すことを請求するという制度になります。

ただし、この制度は、**譲渡制限株式**に対して、**定款の定め**がある場合に限定されています。そのため、この制度を利用するためには、相続開始前に譲渡制限を付したうえで、「相続人等に対する売渡請求」についての定款の定めを設ける必要があります*1。

*1　相続開始後に「相続人等に対する売渡請求」についての定款の定めを設けることも可能であるとする見解もありますが（相澤哲ほか『論点解説　新・会社法』162頁（商事法務、平成18年））、それを否定する見解もあるため（伊藤雄司「第174条」山下友信『会社法コンメンタール4－株式(2)』121頁（商事法務、平成21年））、実務上は、相続開始前に定款の定めを設けることが望ましいと思われます。

発行法人が買い取る制度であって、支配株主が買い取る制度ではないってことだね。

2 相続クーデターの概要

相続人等に対する売渡請求を行うためには、**株主総会の特別決議**が必要になります（会法175①、309②三）。ただし、売渡請求を受けた相続人は特別利害関係人であることから、**議決権を行使することができません**（同法175②）。

そのため、理論上は、株主総会の議決権のうち**3％以上**を有する非支配株主グループが**株主総会を招集する**ことにより（同法297）[*2]、支配株主の相続人が取得した株式を買い取ることができるように思われます[*3]。

3 相続クーデターが起きない理由

しかしながら、相続人等に対する売渡請求を行う場合の**売買価格**は、原則として、**当事者間の協議**により行われるものの（会法177①）、協議が調わない場合には、**売買価格決定の申立て**をすることができます（同法177②）。

そして、売渡請求の制度が、相続人から強制的に株式を買い取る制度であることから、相続人が支配株主であったとしても、少数株主であったとしても、**支配株主にとっての株式価値**を売買価格とすべきであるとする見解が有力です[*4]。そうなると、マヤの言うように、山口社長が発行済株式総数の70％を保有していた場合において、相続クーデターを成功させるためには、以下の問題が生じることになります。

- 発行済株式総数の70％に相当する株式の**買取資金**を調達する必要がありますが、現実的には不可能です。
- 相続人等に対する売渡請求により自己株式を買い取る場合には、**分配可能額**の範囲で行う必要があります（会法461①五）[*5]。

*2　第1章で解説した「株主総会招集権」のことをいいます。

*3　「相続クーデター」といわれるものであり、これを指摘する書籍として、牧口晴一・齋藤孝一『非公開株式譲渡の法務・税務』26頁（中央経済社、第5版、平成29年）、平野敦士「相続人等に対する株式の売渡しの請求の問題点」立命館経営学47巻5号99-100頁、中村信男「譲渡制限株式の売渡請求制度と判例に見る問題点等の検討」早稲田商学438号100-101頁（平成21年）があります。

*4　堀田佳文「第174条～第177条」江頭憲治郎ほか編『論点体系会社法2株式会社II』26頁（第一法規、平成24年）、伊藤雄司「第177条」山下友信『会社法コンメンタール4－株式(2)』132-133頁（商事法務、平成21年）。

*5　分配可能額が足りない場合には、「相続人等に対する売渡請求」を諦めざるを得ません。この点につき、平野前掲(注3)94頁では、「実務的には会社が売渡しの請求を希望する株式の数だけ請求し、売買価額決定段階で財源規制の適用により売渡しの請求の一部を撤回することになると考えられる。」と指摘されています。

このように、実務上は、相続クーデターのハードルがあまりにも高すぎることから、相続クーデターが起きる可能性は極めて低いということがいえます。

＊6　伊藤雄司「第175条」山下友信編『会社法コンメンタール4－株式(2)』123頁(商事法務、平成21年)。

マヤ

やっぱり、相続クーデターは現実的ではないよね。

考えてみよう

相続人が取得したすべての株式ではなく、一部の株式のみを買い取ることも認められると解されているため＊6、山口社長の相続人が取得した株式のうち21％を取得すれば、相続クーデターも可能になるようにも思えます。

しかし、第3章で解説したように、会社法上の時価は、DCF法により評価されることから、将来性のある会社であれば時価純資産価額よりも高い評価額になってしまうことが一般的です。

そうなると、発行済株式総数のうち21％もの株式を支配株主にとっての株式価値で買い取るための資金が問題になってきます。実務上、相続クーデターは、支配株主による保有比率が50％をやや超える程度の場合にしか成功しないと思われます。

4 少数株主からの株式の買取り

これに対し、相続人等に対する売渡請求を利用して、少数株主の相続人から株式を買い取る場合であっても、**支配株主にとっての株式価値**で買い取る必要があるという点が問題になります。

もちろん、会社法上、売買価格は当事者間の交渉により決定することが原則となっているため、**少数株主が納得すれば**、少数株主にとっての株式価値で買い取っても問題はありません[*7]。そのため、支配株主からすれば、**少数株主との話し合い**により、支配株主にとっての株式価値と少数株主にとっての株式価値の間のどこかで落としどころを探っていくことになると思われます。

*7 ただし、税務上、時価を下回る金額で取引をしたかどうかについて、別途検討が必要になります（第10章参照）。

買取価額が高すぎるから、相続人等に対する売渡請求を導入しないという事案もあるだろうね。

少数株主が売買価格決定の申立てを行った場合には、裁判所は支配株主にとっての株式価値を売買価格として決定する可能性が極めて高いと思われます。

そうなると、支配株主にとっての株式価値よりも安い値段で買い取るために交渉をしたとしても、少数株主が支配株主にとっての株式価値で買い取らせることに固執するようにも思えます。

しかしながら、意外と話し合ってみると、落としどころが探れることがあるため、支配株主としては、少数株主に対して真摯な対応をする必要があるといえるでしょう。

5 おわりに

　本章では、相続人等に対する売渡請求について解説しました。相続クーデターが生じる危険性は低いものの、少数株主からの買取価額も高すぎることから、相続人等に対する売渡請求を導入する事案はそれほど多くはないのかもしれません。

　実務上は、相続が生じる前に株式を買い集めることのほうが多いと思います。

CHALLENGE!

相続人が相続した株式を発行法人に買い取らせた場合には、相続人における課税関係はどのようになるのでしょうか。調べてみましょう。

第21章

連絡がつかない株主はどうする?
～所在不明株主の株式売却制度～

上村社長が株主の数を減らしたいと言ってたよ。スクイーズアウト（第17章）や相続人に対する株式の売渡請求（第20章）をやる気はないみたいだけと、とりあえず売ってくれそうな株主には相談しているみたいなんだ。

でも、歴史の長い会社だから、株主も分散して、連絡の取れない人も多いみたい。一体どうしたらいいんだろう？

たしか、5年以上連絡が取れない株主から強制的に株式を買い取る制度があったような気がするよ。

譲渡代金も10年すれば時効が成立するから、10年後に雑収入が計上されてしまうけど、株主を整理する手法としては良いと思うんだけどな。

でも、その制度は、5年以上、招集通知も到達せず、配当金も受領していない場合に利用できる制度だったよね。

そもそも、上村社長の会社は株主総会なんか開いていないよ。招集通知も発送していないだろうから、たぶん、その制度は使えないんじゃないかな？

社歴が長くなってくると、株主総会の招集通知を送っても届かなくなることがあります。引越先が分からなかったり、相続人が誰なのか分からなかったりすることがあるからです。

そうなると、会社に無用な費用が発生することから、それを軽減するために、所在不明株主の株式売却制度が認められています。所在不明株主が多い場合には、まずは検討してもよいのかもしれません。

コウジの指摘は鋭いですね。役員の選任のときにだけ、形式的に株主総会を開いたことにしており、本当は株主総会を開いていない中小企業も少なくありません。この場合には、この制度は利用できなくなってしまいます。

1 概 要

　株主に対してする通知または催告が5年以上継続して到達しない場合には、当該株主に対する通知または催告をすることを要しないものとされています（会法196）。

　さらに、以下の要件を満たす場合には、所在不明株主の株式売却制度が認められています（会法197）。

- **通知または催告**が5年以上継続して到達しない
- 継続して5年間**剰余金の配当**が受領されない

　そのため、所在不明株主が保有していた株式については、**競売**により譲渡することができます（会法197①）。さらに、競売以外の方法により**特定の者に譲渡**することもできますし（会法197②）、**自己株式**として買い取ることもできます（会法197③）[*1]。

　いずれの手法を採用したとしても、譲渡代金に相当する金額を発行法人が預かっておく必要があります（会法196②）[*2]。ユウタの言うように、10年で時効が成立することから（民法166①二）、10年後に譲渡代金に相当する金額の雑収入が**益金の額に算入される**ことになります。

2 株主総会の招集通知が届いていない場合

　条文上、「株主に対してする通知又は催告」と規定されているため（会法196①）、株主総会の招集通知に限定されていませんが、一般的に、株主総会の招集通知は毎年発送しているはずですし、株主総会の招集通知が届かない場合には、他の通知または催告も届かないことから、「株主総会の招集通知が5年以上届かない場合には、所在不明株主の株式売却制度を利用することができる」といわれています。

　実務上、問題となるのは、コウジの言うように、**株主総会の招集通知を発送していない場合**です。この点につき、裁判所のHPにおける「所在不明株主の株式売却許可申立事件についてのQ&A」[*3]では、「『5年間継続して到達しなかった』事実の疎明は重要であり，当庁では，（代表）取締役の陳述書などの代替書面による疎明は認め

*1　第14章で解説したように、自己株式として買い取る場合には、分配可能額の範囲で行う必要があります。

*2　実務上は、本店所在地を管轄する法務局に供託することが多いと思います（民法494）。

*3　https://www.courts.go.jp/tokyo/saiban/dai8bu_osirase/fumei_kabunusi/index.html(2021年4月3日 最終アクセス日)

ていませんので，必ず5年間継続分の返戻封筒を疎明資料として提出してください。」と記載されています。

　このように、招集通知を発送していないのであれば、**招集通知が届いてないことの証明ができない**ことから、**所在不明株主の株式売却制度を利用することができない**ということになります。

> 招集通知を発送していない場合には、招集通知を発送するようにしてから5年が経たないと、所在不明株主の株式売却制度を利用することができないってことだね。

3　剰余金の配当が受領されていない場合

　一般的に剰余金の配当は、**口座振込み**により行われ、口座振込みにより配当金を受領されていると、剰余金の配当が受領されてしまうことから、**所在不明株主の株式売却制度を利用することができません**。

　なお、継続して5年間剰余金の配当が受領されない場合には、会社が剰余金の配当をしたにもかかわらず受領されない場合だけでなく、**無配**である場合も含まれます[4]。

　そのため、**5年間無配が続いているような会社**であれば、自動的に要件を満たすことができます。

*4　江頭憲治郎『株式会社法』212頁(第7版、有斐閣、平成29年)。

> 配当金を受領する口座が指定されているのであれば、招集通知は届いていないけど、配当金は受領されているということがあるのかもしれないね。

4 おわりに

　本章では、所在不明株主の株式売却制度について解説しました。無配の会社でも利用できることから、非上場会社でも利用できるようにも思えますが、招集通知が届いてないことの証明ができないことも多いことから、非上場会社における利用は現実的ではないのかもしれません。

　そうなると、上村社長は、他の手法により株主を整理していくことを検討する必要があります。

CHALLENGE!

　所在不明株主が保有している株式の数は少数であることが一般的なので、所在不明株主の株式売却制度により生じるコストを考えると、この制度を利用するメリットが少ないことが一般的です。

　そうなると、「株主が1,000人くらいいるけど、500株以上保有している大株主だけを残せば、20人くらいまで減るから、株主を20人まで減らしたい。」という相談を受けることがあります。連絡の取れない株主だけではなく、零細株主である980人を対象にすれば、コストをかけるだけのメリットもあるからです。

　このような場合には、どのようにしたらよいのでしょうか。考えてみましょう。

第22章

いつかは株主になりたいな
～新株予約権～

ユウタ

監査法人の先輩がベンチャー企業に転職したんだ。年収は減ってしまうんだけど、ストック・オプションをもらったみたいなんだよ。
ストック・オプションをもらうと、株価が上がっても、株価が上がる前の値段で株式を買えるから、すごいメリットがあるみたい。

コウジ

上場準備会社に転職すると、そういうこともあるみたいだね。でもさ、ストック・オプションって、新株予約権のことだよね。新株予約権を行使して安い値段で株式を取得したんだから、所得税が発生するんじゃないかな?

マヤ

たしかに、給与所得で課税されるような気がするわ。でも、せっかくだから譲渡所得になったほうが、その先輩にもメリットがあるよね。うまく譲渡所得で処理できる方法があるといいんだけど。

サトウ
先生

皆さんは、新株予約権という言葉を聞いたことがありますか?
新株予約権とは、株式会社の株式の交付を受けることができる権利のことをいいます(会法2二十一)[*1]。
ユウタの言うように、新株予約権を保有している場合には、株価が上がったら、株価が上がる前の値段で株式の交付を受けることができますし、株価が下がっても、権利を行使しなければよいというメリットがあります。
そうなると、マヤの言うように、①どの時点で課税されるべきなのかという点と、②どの所得分類に分類されるのかが問題になります。給与所得として課税されてしまうと、累進課税の対象になることから、50%以上の所得税および住民税が課されてしまうかもしれません。これに対し、譲渡所得として課税されるのであれば、20.315%に引き下げられるため(第9章参照)、納税者にとってメリットがあるといえます。

1 概　要

（1）新株予約権の内容

　株式会社が新株予約権を発行するときは、次に掲げる事項を当該新株予約権の内容とする必要があります（会法236①）。

① 　新株予約権の目的である**株式の数**またはその数の算定方法

② 　新株予約権の行使に際して出資される**財産の価額**またはその算定方法

③ 　金銭以外の財産を新株予約権の行使に際してする出資の目的とするときは、その旨ならびに当該財産の内容および価額

④ 　新株予約権を**行使することができる期間**

⑤ 　新株予約権の行使により株式を発行する場合における増加する資本金および資本準備金に関する事項

⑥ 　譲渡による新株予約権の取得について**発行法人の承認**を要することとするときは、その旨

⑦ 　新株予約権について、発行法人が一定の事由が生じたことを条件としてこれを**取得することができる***2こととするときは、会社法236条1項7号に掲げる事項

⑧ 　発行法人が組織再編成を行う場合において、新株予約権者に合併法人等の新株予約権を交付することとするときは、その旨およびその条件

⑨ 　新株予約権を行使した新株予約権者に交付する株式の数に一株に満たない端数がある場合において、これを切り捨てるものとするときは、その旨

⑩ 　新株予約権に係る新株予約権証券を発行することとするときは、その旨

⑪ 　⑩に該当する場合において、新株予約権者が記名式と無記名式との間の転換をすることができないこととするときは、その旨

*1　新株予約権が付された社債として、新株予約権付社債というものもあります（会法2二十二）。

*2　このような新株予約権を「取得条項付新株予約権」といいます。

ユウタ　新株予約権に譲渡制限が付されることもあるんだね。

(2)新株予約権の発行

新株予約権の発行は、**株主総会の特別決議**により行うことが原則ですが（会法238②、309②六）[*3]、公開会社においては、**取締役会の決議**により行います（会法240①）[*4]。

ただし、以下に該当する場合には、公開会社であったとしても、株主総会の決議が必要になります（会法240①、238③）。

- **金銭の払込みを要しない**こととすることが、新株予約権になる者にとって、**特に有利な条件である場合**
- **金銭の払込みを要する**場合において、払込金額が新株予約権になる者にとって**特に有利な金額である場合**

なお、新株予約権の発行には、株主に新株予約権の割当てを受ける権利を与える場合（会法241）とそれ以外の場合があり、前者を**株主割当て**といいます。

株主割当てに類似したものとして、**新株予約権無償割当て**（会法277）があり、株主割当てと異なり、異なる種類株式を目的とする新株予約権を割り当てることができるなど、いくつかの違いが見受けられます[*5]。

調べてみよう

買収防衛策として新株予約権が利用されることがあります。それはどういうものでしょうか。調べてみましょう。

(3)自己新株予約権の取得

発行法人は、自ら発行した**新株予約権を取得する**ことができます。そして、取締役会決議により当該新株予約権を消却することができます（会法276①）。

[*3] 株主総会決議により、募集新株予約権の内容、数の上限、払込金額の下限を定めたうえで、具体的な募集事項の決定を取締役会に委任することもできます（会法239①）。

[*4] 募集株式の発行等（第11章）と異なり、自己新株予約権を処分する場合には、これらの規定は適用されないため、株主総会の決議は必要ありません。ただし、重要な資産の処分であることから、取締役会の決議を行うことが多いと思われます（会法362④）。

[*5] 両者の違いについては、三笘裕「第241条」江頭憲治郎・中村直人編『論点体系 会社法2 株式会社Ⅱ』245-246頁（第一法規、平成24年）参照。

2　新株予約権の発行

(1)新株予約権を取得した者

①　新株予約権を取得した者が法人である場合

（ⅰ）役務提供の対価でない場合

　新株予約権を取得した場合における税務上の取扱いは、株式を取得した場合における税務上の取扱いと変わりません（第11章参照）。そのため、金銭の払込みより新株予約権を取得した場合には、その**払込みをした金銭の額に付随費用を加算した金額**が当該新株予約権の取得価額になります（法令119①二）。

（ⅱ）役務提供の対価である場合

　役務提供の対価として、無償で新株予約権が付与された場合には、**付与時の時価**が新株予約権の取得価額になり（法令119①二十七）、同額が益金の額に算入されます。

②　新株予約権を取得した者が個人である場合

（ⅰ）役務提供の対価でない場合

　新株予約権を取得した場合における税務上の取扱いは、株式を取得した場合における税務上の取扱いと変わりません。そのため、金銭の払込みより新株予約権を取得した場合には、その**払込みをした金銭の額に付随費用を加算した金額**が当該新株予約権の取得価額[6]になります（所令118②、109①一）。

（ⅱ）役務提供の対価である場合

　役務提供の対価[7]として、無償で新株予約権が付与された場合には、**付与時の時価**が新株予約権の取得価額になり、同額が給与所得等として課税されます（所法36②、所令109①六、所基通36-36）[8]。

　しかしながら、**新株予約権の譲渡についての制限その他特別の条件が付されているもの**については、付与時に課税するのではなく、**新株予約権の権利を行使した時点**において、**行使日の株式の時価から新株予約権の行使により払い込んだ金銭の額を控除した金額**が給

＊6　条文上、「取得費」と表記されていますが、単純化のため、法人税法の表記と合わせます。

＊7　金銭の払込みに代えて役務の提供により発生する報酬債権により新株予約権を取得することをいいます。

＊8　有償で新株予約権を取得した場合には、新株予約権の取得価額と払い込んだ金銭の額との差額が所得税の課税標準になります。

与所得等として課税されます（所法36②、所令84②二）。

さらに、**適格ストック・オプション**（措法29の2、措令19の3）に該当する場合には、権利行使時点でも課税されず、当該株式を**譲渡した時点**で譲渡所得として課税されます。

マヤ　付与時課税または権利行使時課税であっても、株式を譲渡した時点でさらに値上がりしていれば、その部分については、譲渡所得として課税されるんだね。

（2）発行法人

①　役務提供の対価でない場合

会計上、新株予約権は、純資産の部に計上されますが（計規76①）、法人税法上は、負債として取り扱われます（法令8①十五イなど）。

②　役務提供の対価である場合

これに対し、新株予約権が役務提供の対価である場合には、ストック・オプション等に関する会計基準4項において**費用が発生する**こととされており、法人税法54条1項において、個人から役務の提供を受けた場合における費用の帰属事業年度が規定されています[9]。

ただし、新株予約権を取得した者が個人である場合には、**所得税法上の勤労性の所得（給与所得、事業所得、退職所得および雑所得）として課税される場合に限り**、損金の額に算入することができます[10]。したがって、税制適格ストック・オプションのように、**給与等課税事由が生じない場合**には、損金の額に算入することができません（法法54②、法令111の3①）。

ユウタ　会計における費用の額と法人税における損金の額が違ってくるのかもしれないね。

*9　ただし、この規定は、損金の額の帰属事業年度についての規定であることから、役員給与の損金不算入制度（法法34）等の各制度の規定により、損金の額に算入できない場合もあります。

*10　個人において付与時で課税されれば、発行法人において付与時に損金の額に算入され、個人において権利行使時に課税されれば、発行法人において、権利行使時に損金の額に算入されます（法法54の2①）。

3　新株予約権の有利発行（役務提供の対価でない場合に限ります。）

（1）新株予約権を取得した法人または個人

　新株予約権は有価証券に該当することから（法法2二十一、所法2十七）、時価よりも低い価額で新株予約権を取得した場合には、有利発行により株式を取得した場合と同様に**受贈益**が発生します（第11章参照）。

（2）既存株主

　第11章で解説したように、原則として、**何ら課税関係は生じません**。

　しかしながら、租税回避に該当する場合には、**同族会社等の行為計算の否認**（法法132、所法157①）を適用することにより、みなし譲渡益が課されることがあります。

（3）発行法人

　時価よりも低い価額で新株予約権を発行した場合[*11]であっても、その差額について、**損金の額に算入されません**（法法54の2⑤）。

　新株予約権の発行については、募集株式の発行等と同様に、資本等取引に準じた取引として、損金の額および益金の額が発生しないように規定されています。

*11　新株予約権を無償で発行した場合を含みます。

4　新株予約権の高額引受け

（1）新株予約権を取得した法人または個人

　新株予約権は有価証券に該当することから（法法2二十一、所法2十七）、時価よりも高い価額で新株予約権を取得した場合であっても、**払込みをした金銭の額に付随費用を加算した金額**がそのまま新株予約権の取得価額になります。

　しかしながら、租税回避に該当するときは、新株予約権の取得価額として認められないことがあります（第11章参照）。

（2）既存株主

　第11章で解説したように、新株予約権を取得した者が個人であり、既存株主も個人である場合において、新株予約権の高額引受けが行われているときは、株主間贈与に該当することから、**贈与税**の課税対象になります（相基通9-2）。

　それ以外の場合には、原則として、何ら課税関係は生じませんが、一定の場合には、**同族会社等の行為計算の否認**（法法132、所法157①）が適用されることにより、受贈益として課税されることもあります。

（3）発行法人

　時価よりも高い価額で新株予約権を発行した場合であっても、その差額について、**益金の額に算入されません**（法法54の2⑤）。

5　自己新株予約権の取得

　自己新株予約権を取得したとしても、自己株式を取得した場合と異なり、**有価証券の購入と同様に取り扱われる**ことから、購入の代価に付随費用を加算した金額が取得価額になります（法令119①一）。

　デット・エクイティ・スワップと異なり、負債に計上されている新株予約権と相殺されないことから、新株予約権を消滅させるまで、**資産としての自己新株予約権と負債としての新株予約権が両建てになります**。

　これに対し、新株予約権を譲渡した新株予約権者については、有価証券の譲渡取引であるため、当該新株予約権の譲渡により生じた**有価証券譲渡損益**に対して、法人税または所得税が課されます（法法61の2①、措法37の10①）。

　第14章で解説した自己株式の取得と異なり、**みなし配当**は生じないという点に注意しましょう。

自己新株予約権を時価と異なる価額で取得した場合には、有価証券を時価と異なる価額で購入した場合と同様の取扱いになるため、発行法人において、寄附金または受贈益が生じます。
新株予約権者が個人である場合において、低廉譲渡が行われた場合の取扱いについては、第10章をご確認ください。

6 自己新株予約権の処分

　自己新株予約権を処分した場合には、自己株式を処分した場合と異なり、有価証券の譲渡と同様に取り扱われることから、発行法人において**有価証券譲渡損益**が生じます（法法61の2①）。

7 自己新株予約権の消却

　前述のように、自己新株予約権を取得した場合には、資産としての自己新株予約権と負債としての新株予約権が両建てになります。
　そのため、自己新株予約権を消却した場合には、資産としての自己新株予約権と負債としての新株予約権を相殺したことによる**損金または益金の額**が発生します（法法22②③）。

自己株式の取得と自己新株予約権の取得が異なる取扱いになるというのがポイントだね。

8 新株予約権の行使

（1）新株予約権を行使した法人または個人

① 法人が新株予約権者である場合

　新株予約権の行使により**払い込んだ金銭の額と新株予約権の帳簿価額の合計金額**を株式の取得価額に付け替えることから、課税関係

は生じません（法令119①二）。

＊12　退職後に当該権利の行使が行われた場合において、例えば、権利付与後短期間のうちに退職を予定している者に付与され、かつ、退職後長期間にわたって生じた株式の値上り益に相当するものが主として供与されているなど、主として職務の遂行に関連を有しない利益が供与されていると認められる場合には、雑所得になります。

②　個人が新株予約権者である場合

前述のように、新株予約権の譲渡についての制限その他特別の条件が付されているものについては、付与時ではなく、新株予約権の権利を行使した時点で課税されます。権利行使時に課税される場合における所得分類は以下のとおりです（所基通23〜35共−6）。

イ．発行法人と新株予約権者との間の雇用契約またはこれらに類する関係に基因して当該権利が与えられたと認められる場合には、**給与所得**になります＊12。

ロ．新株予約権者の営む業務に関連して当該権利が与えられたと認められる場合には、事業所得または雑所得になります。

ハ．上記以外の場合には、原則として雑所得になります。

これに対し、税制適格ストック・オプションの要件を満たす場合には、権利行使時点ではなく、株式譲渡時点において譲渡所得として課税されます。税制適格ストック・オプションの要件は細かく定められていますが、実務上のハードルとして、①**権利行使価額の年間の合計額が1,200万円以下であること**（措法29の2①二）、②**権利行使価額が付与契約締結時の時価相当額以上であること**（措法29の2①三）が挙げられます。

ユウタ　多額のストック・オプションを付与すると、税制適格ストック・オプションの要件を満たさなくなってしまうんだね。

（2）既存株主

何ら課税関係は生じません。

(3)発行法人

　新株予約権の行使に際して**払い込まれた金銭の額と新株予約権の帳簿価額の合計金額を資本金等の額**の増加項目として処理します(法令8①二)。

> 最近では、ストック・オプションではなく、自社株式を役員報酬として交付する事例も増えています。このような報酬について「株式報酬」「株式対価報酬」などと表記されることがあります。
>
> 「株主対策の税務」というタイトルからは逸脱した内容になるので、本書では解説を省略しますが、上場会社の業務に関与する場合には、こちらもきちんと理解しておく必要があります。

9 新株予約権が行使されなかった場合

　新株予約権が行使されなかった場合には、発行法人において、新株予約権という負債が消滅することから、当該**新株予約権の帳簿価額に相当する金額**が益金の額に算入されます(法法22②)。

10 新株予約権の無償割当て

　新株予約権の無償割当てとは、株主(種類株式発行会社の場合には、ある種類の種類株主)に対して新たに払込みをさせないで、その有する株式数に応じて新株予約権を無償で交付する制度をいいます(会法277、278①②)。

　新株予約権の無償割当てを行った場合であっても、他の種類の種類株主に損害を及ぼしていると認められる場合を除き、株主において**課税関係は生じません***13。そのため、新株予約権の取得価額は**0円**になります(法令119①三、所令109①四)。

　また、発行法人においても、原則として、法人税の課税所得の計算への影響はありません。

＊13 極めて稀なケースですが、会社法上、新株予約権付社債の無償割当てを想定した規定があります(会法278①二)。その場合には、新株予約権付社債の無償割当てを受けた法人または個人において、時価で新株予約権付社債の取得価額を認識し(法令119①二十七、所令109①六)、同額が法人税または所得税の課税標準になります(法法22②、所法36①)。

11 おわりに

本章では、新株予約権について解説しました。新株予約権が導入された当初と異なり、ストック・オプションや買収防衛策だけでなく、資金調達や業務提携などでも利用されるようになりました。

新株予約権については、会社法や税務を理解するだけでなく、どのような利用がされているのかを知っておく必要があります。様々な事例が開示されているので、調べてみましょう。

CHALLENGE!

本章で解説したように、被買収会社がストック・オプション（新株予約権）を発行している場合において、当該ストック・オプションに譲渡制限が付されているときは、原則として、付与時ではなく、権利行使時に給与所得等として課税されます（所法36②、所令84②）。

しかし、M&Aにより被買収会社の株式を取得する場合には、これらのストック・オプションも買い取る必要があるため、譲渡制限を解除する必要があります。

このように、譲渡制限を解除した場合には、譲渡所得に該当するのでしょうか、それとも給与所得等に該当するのでしょうか。考えてみましょう。

第23章

別々にやっていきましょう
～共同経営の解消～

コウジ

石川商事の内紛が酷いみたいだね。先代の希望で、長男が社長になって、次男が副社長になったんだけど、もう一緒にやってくのは無理みたい。先代が亡くなられてから1年も経っていないのに。
お互いが株式を半分ずつ持っているから、なんとかうまく会社を分けたいということなんだけど、うまい方法はあるのかな？

マヤ

会社を分けるには分割型分割という手法になると思うんだけど、分割法人の株主が長男だけになって、分割承継法人の株主が次男だけになるなんてことはできるのかな？

ユウタ

ひょっとしたら、適格分割型分割には該当するかもしれないけど、それでも、株主において、譲渡所得か配当所得は発生してしまうような気がするな。
そういえば、この前の事案では、共同経営者に事業を渡すために、多額の退職金を支払っていたよ。でも、その事案は、共同経営者が株式を持っていないケースだったから、今回の事案では参考にならないかもしれないけど。

サトウ先生

ビジネスにおいて共同経営はなかなかうまくいきません。共同経営のコツは、上下関係を明確にしておくことです。当初から円満な形で上下関係を明確にしておかないと、トラブルの原因になります。
石川商事の事案では、兄弟だから仲良くやってくれるという先代の甘えがあったのかもしれません。長男が上、次男が下という明確な上下関係のある兄弟であればうまくいきますが、なかなかそこまで明確な上下関係のある兄弟は少ないのも現実です。
そうなると、会社を分けるということになりますが、なかなか非課税で行うのは難しいというのが実態です。

1 概 要

　ユウタの言うように、共同経営者が株式を持っていないのであれば、役員退職慰労金を支払って、そのお金で一部の事業を買い取ってもらうことができます。しかし、共同経営者が株式を持っている場合には、その株式を解消しないといけないので、この手法を利用することはできません。

　そうなると、マヤの言うように、分割型分割による手法で共同経営を解消する必要があります。分割型分割における税制適格要件は、以下の3つに大別されます。

- グループ内の適格分割型分割
- 共同事業を行うための適格分割型分割
- スピンオフのための適格分割型分割

　このうち、スピンオフのための適格分割型分割は、分割後に分割承継法人と他の者との間に当該**他の者による支配関係が生じない**ことが必要になります（法令4の3⑨一）。これに対し、共同経営を解消するために分割型分割を行う場合には、分割法人株式を一方の共同経営者が取得し、分割承継法人株式を他方の共同経営者が取得します。そのため、**分割承継法人に対する他方の共同経営者による支配関係**が生じることが一般的なので、スピンオフのための適格分割型分割に該当させることはできません*1。

　そうなると、グループ内の適格分割型分割に該当する場合に、税制適格要件を満たすことができるといえます。

*1　上場会社同士が合弁会社を経営している場合に、合弁を解消したいという相談を受けることがありますが、この場合にも、スピンオフのための適格分割型分割に該当させることは困難です。

税制適格要件（スピンオフ以外）

グループ内		共同事業
完全支配関係	支配関係	
(イ)金銭等不交付要件 (ロ)按分型要件	(イ)金銭等不交付要件 (ロ)按分型要件 (ハ)主要資産等引継要件 (ニ)従業者従事要件 (ホ)事業継続要件	(イ)金銭等不交付要件 (ロ)按分型要件 (ハ)主要資産等引継要件 (ニ)従業者従事要件 (ホ)事業継続要件 (ヘ)事業関連性要件 (ト)事業規模要件または特定役員引継要件 (チ)株式継続保有要件

2 完全支配関係および支配関係

グループ内の適格分割型分割は、**完全支配関係内の適格分割型分割**と**支配関係内の適格分割型分割**に分けて規定されています（法法2十二の十一）。

完全支配関係および支配関係の定義は、以下のとおりです。

●完全支配関係

発行済株式*2の**全部**を直接または間接に有する関係*3（法法2十二の七の六、法令4の2②）。

●支配関係

発行済株式総数*4の**100分の50を超える数**の株式を直接または間接に有する関係（法法2十二の七の五、法令4の2①）

そして、株主が個人である場合には、当該個人が保有する株式のほか、**親族**が保有する株式を合算して完全支配関係または支配関係の判定を行います（法令4の2②）*5。この場合における「親族」とは、**6親等内の血族、配偶者、3親等内の姻族**のことをいいます（民法725）。

*2　自己株式を除きます。
*3　厳密には、従業員持株会が保有する株式と新株予約権の行使により役員または使用人が保有することなった株式との合計額が発行済株式総数の5％未満のものがあっても、残りの株式のすべてが保有されていれば、完全支配関係が成立します。しかし、このような株式は換金性が低いことから、実際に、このようなケースに該当することは、ほとんどありません。
*4　自己株式を除きます。
*5　厳密には、親族だけでなく、「特殊の関係のある個人」が保有する株式を合算して完全支配関係または支配関係の判定を行います。「特殊の関係のある個人」とは、以下のものをいいます（法令4①）。
(イ)株主の親族
(ロ)株主と婚姻の届出をしていないが事実上婚姻関係と同様の事情にある者
(ハ)株主の使用人(法人の使用人ではなく、個人株主の使用人)
(ニ)(イ)～(ハ)に掲げる者以外の者で株主から受ける金銭その他の資産によって生計を維持しているもの
(ホ)(ロ)～(ニ)に掲げる者と生計を一にするこれらの親族

3 完全支配関係内の適格分割型分割

完全支配関係内の分割型分割に該当する場合には、金銭等不交付要件および按分型要件を満たせば、**完全支配関係内の適格分割型分割**に該当します（法法2十二の十一イ）。

完全支配関係内の分割型分割は、当事者間の完全支配関係がある場合と同一の者による完全支配関係がある場合とに分けて規定されていますが、共同経営の解消のための分割型分割であることから、

同一の者による**完全支配関係**があるかどうかにより判定します。具体的には、以下のとおりです（法令4の3⑥二）。

● **単独新設分割型分割**

　　分割型分割後に同一の者と分割承継法人との間に**当該同一の者による完全支配関係が継続することが見込まれている場合**

● **単独吸収分割型分割**

　　分割型分割前に当該分割型分割に係る分割法人と分割承継法人との間に同一の者による完全支配関係があり、当該分割型分割後に当該同一の者と当該分割承継法人との間に**当該同一の者による完全支配関係が継続することが見込まれている場合**

石川商事の事案は、一族の中での再編だから、グループ内の適格分割型分割に該当するんだね。

4 支配関係内の適格分割型分割

　支配関係内の分割型分割に該当する場合には、金銭等不交付要件、按分型要件、主要資産等引継要件、従業者従事要件および事業継続要件を満たせば、**支配関係内の適格分割型分割**に該当します（法法2十二の十一ロ）。

　支配関係内の分割型分割は、当事者間の支配関係がある場合と同一の者による支配関係がある場合とに分けて規定されていますが、共同経営の解消のための分割型分割であることから、**同一の者による支配関係**があるかどうかにより判定します。具体的には、以下のとおりです（法令4の3⑦二）。

● **単独新設分割型分割**

分割型分割後に同一の者と分割承継法人との間に**当該同一の者による支配関係が継続することが見込まれている場合**

● **単独吸収分割型分割**

分割型分割前に当該分割型分割に係る分割法人と分割承継法人との間に同一の者による支配関係があり、当該分割型分割後に当該同一の者と当該分割承継法人との間に**当該同一の者による支配関係が継続することが見込まれている場合**

マヤの言うように、石川商事の事案は、一族の中での再編であることから、グループ内の分割型分割に該当します。これに対し、①共同経営者が親族の関係にない場合、②上場会社同士の合弁会社を解消する場合には、グループ内の分割型分割に該当させることが難しいことが一般的です。

5 按分型分割後の株式譲渡

完全支配関係内の分割型分割または支配関係内の分割型分割に該当する場合であっても、按分型要件を満たさない場合には、適格分割型分割に該当させることはできません。そして、按分型要件を満たすためには、分割承継法人株式[*6]が、分割法人の発行済株式総数のうちに占めるそれぞれの株主が有する**分割法人株式の数の割合に応じて交付されること**が必要になります（法法２十二の十一柱書）。

そのため、分割型分割を行った後に、**長男が保有する分割承継法人株式を次に譲渡し、次男が保有する分割法人株式を長男に譲渡した場合**には、分割型分割の段階では、分割法人株式の数の割合に応じて交付されていることから、按分型要件を満たすことができます。

ただし、株式譲渡により生じる**譲渡所得**に対しては、所得税が課されてしまいます。

＊6　分割承継親法人株式を交付する場合には、分割承継親法人株式に対して按分型要件が課されています。

6 種類株式

これに対し、分割前に次男が保有する株式を全部取得条項付種類株式に転換したうえで、分割の日に次男が保有する分割法人株式を分割法人が取得し、その取得対価として分割承継法人株式を交付する手法が考えられます（会法758八イ、760七イ、763①十二イ、765①八イ）。この手法は、平成17年改正前商法における非按分型分割の代わりとして、会社法に規定された手法です。

そうなると、按分型要件を満たすことができないように思われますが、現行法上、**分社型分割を行った後に、全部取得条項付種類株式を取得した**ものとして取り扱われています。

そうなると、石川商事の事案は、適格分社型分割に該当するものの、①分割法人が分割承継法人株式を分配する行為について、分割法人において**譲渡損益**が生じ、②分割承継法人株式を受け取った次男において**みなし配当**が生じてしまいます（法法24①五、所法25①五）。

7 おわりに

本章では、共同経営の解消について解説しました。なかなか非課税で行うことができないため、実務上も悩ましい論点であるといえます。

実務上は、課税関係が生じたとしても、共同経営を解消したいというニーズが強いため、課税関係が生じることを受け入れている事案が多いと思われます。

CHALLENGE!

A社がX社の発行済株式総数の60％を保有し、B社がX社の発行済株式総数の40％を保有している場合において、合弁を解消したいという話がありました。

適格分割型分割に該当させつつ、株式譲渡損益ではなく、みなし配当として認識する手法はあるのでしょうか。考えてみましょう。

第24章

議決権は渡さない

～属人的株式、民事信託～

就職活動のために、会計事務所のHPを見ているんだけど、事業承継対策では無議決権株式の代わりに属人的株式とか民事信託を利用している事案もあるみたいだね。
サトウ先生からは、無議決権株式のことは聞いたけど、あまり属人的株式とか民事信託の話は聞いたことがないな。一体、どうしてなんだろう？

一度、サトウ先生にそのことを聞いたことがあるんだけど、法的なリスクが高すぎるから、あまり使いたくないと言っていたよ。
法律事務所の先輩に聞いてみても、種類株式を使っている事案はあるけど、属人的株式を使っている事案はないみたいなんだ。

この前、民事信託のセミナーに出席したんだ。たしかにいろいろなことができそうなんだけど、講師のHPを見てみると、実績のほとんどが家族信託*1だったんだ。
ひょっとしたら、事業承継には民事信託は不向きなのかもしれないね。

マヤも修士論文に目途がついたので、そろそろ就職活動を始めているみたいですね。たしかに、会計事務所のHPには、属人的株式や民事信託について書かれているものがあります。
属人的株式は、旧有限会社法の制度を受け継いだものであるといわれており、種類株式と似た効果が期待できます。しかし、法的リスクの検討がほとんど行われておらず、実務上のリスクが高いという指摘もあります。そして、財産承継における民事信託の有用性については、多くの人たちが指摘しており、法的リスクの低い手法はほぼ定型化されたように思います。しかし、事業承継と民事信託の相性が悪く、トラブルの原因になります。

1 属人的株式

(1)概 要

　第1章で解説したように、会社法109条2項では、公開会社でない株式会社に対して、剰余金の配当を受ける権利、残余財産の分配を受ける権利、**株主総会における議決権**につき、株主ごとに異なる取扱いを行う旨を定款で定めることが認められており、「属人的定め」「属人的株式」「属人的種類株式」といわれています。

　かつては、後継者に議決権を集中させながら、他の相続人にも平等に財産を承継させるために、**種類株式**を利用することができないかという相談がありました。

　しかしながら、種類株式を導入するためには**登記**が必要であることから、その事実を公にしたくないという理由により、**属人的株式**の導入が検討されるようになりました[2]。

マヤ

登記がいらないという点がポイントなんだね。

(2)議決権の全部を与えない旨の定款の定め

　会社法105条2項では、剰余金の配当を受ける権利および残余財産の分配を受ける権利の全部を与えない旨の定款の定めは、その効力を有しないと定められています。これに対し、株主総会における議決権の全部を与えない旨の定款の定めは、その効力を有しない旨の規定が存在しません。

　そのため、現行会社法上、以下のような定款の定めも可能であると解されています[3]。

- 特定の社員の議決権をすべて奪う
- 他の社員の議決権を奪うに等しいほど多数の議決権を認める

[1]　個人の財産管理や資産承継のための信託をいいます。
[2]　中小企業庁「事業承継ガイドライン」68頁(平成28年)においても、種類株式と異なり、属人的株式についての登記はなされないことから、外部からその存在や内容を知られることがないことが指摘されています。

[3]　ただし、現行会社法上も、「属人的定めが、具体的な強行法規もしくは株式会社の本質に反し、または公序良俗に反するものであってはならず、かつ、株主の基本的な権利を奪うものではあってはならない(江頭憲治郎『株式会社法』135頁(注10)(中央経済社、第7版、平成29年))」とする見解があることに注意する必要があります。

(3)事業承継における属人的株式の利用

　実務上、被相続人の財産のほとんどが非上場株式である場合において、後継者に当該非上場株式のすべてを相続させてしまうと、他の相続人にその他の財産をすべて相続させたとしても、**遺留分**（民法1042以下）*4をはるかに下回る財産しか相続されないという問題があります。

　そのため、後継者以外の相続人に対して株主総会における議決権を与えない旨を定款に定めることにより、このような問題の解決を検討することがあります。しかしながら、この手法については、以下の問題点が指摘されています。

- 属人的な定めが適用される株主が死亡した場合には、その**相続人に属人的定めの効力が及ばない**可能性があります*5。
- 属人的定めについての定款変更が、**①差別的取扱いが合理的な理由に基づかず、その目的において正当性を欠いているような場合、②特定の株主の基本的な権利を実質的に奪う場合**には、株主平等原則の趣旨に反することを理由として、**属人的定めが無効になる**という裁判例*6が公表されています。

コウジ：後継者以外の相続人に対して、まったく配当をせずに、後継者のみがメリットを得るような仕組みを作るために属人的株式を利用した場合には、法的なリスクがあるということだね。

2　民事信託

　事業承継における民事信託の利用方法として、**委託者を被相続人、受託者を後継者としたうえで、受益者を相続人とする方法**が使われています。この場合には、相続発生後の議決権の行使は後継者が行うものの、配当などの株式から生じる収益は、受益者である相続人が平等に受け取ることができるため、遺留分に応じた財産を相続させることができます。しかしながら、以下のような法的なリスクも指摘されています。

＊4　一定の範囲の法定相続人に認められる最低限の遺産取得分のことをいいます。
＊5　稲葉威雄『会社法の解明』305頁（中央経済社、平成22年）、鈴木隆元「公開会社でない株式会社における支配関係の多様化」臨床法務研究 11巻7頁（平成23年）。
＊6　東京地判25年9月25日WESTLAW.JAPAN 文献番号2013WLJPCA 09256011。

● 後継者がほとんど配当をせずに、後継者以外の相続人の**財産権を侵害**した場合には、受託者である後継者の**善管注意義務**が問題になる可能性があります（信託法29）。

● 受託者である後継者から次の世代への事業承継を行う場合に、次の世代も同様に議決権を支配することができない可能性があります。

＊7　遺留分制度を潜脱する意図で信託制度を利用した場合には、公序良俗に反して違法になるという裁判例が公表されています(東京地判平成30年9月12日 WESTLAW.JAPAN文献番号 2018WLJPCA09128002)。

民事信託を利用した手法として、議決権を被相続人に残し、受益権のみを生前贈与する方法が考えられます。この程度のものであれば、利害関係者のすべてがある程度の同意を行っているため、実際に問題になることはほとんどありません。

これに対し、①相続人の遺留分を侵害する＊7、②二次相続、三次相続にまで被相続人の想いを反映させるために民事信託を利用しようとすると、法的なトラブルの原因になりますし、法的なトラブルにならなかったとしても、企業価値が毀損する可能性は高いと思います。

事業承継において民事信託を利用できる事案は、それほど多くはないと思われます。

3 おわりに

本章では、属人的株式と民事信託について解説しました。属人的株式と民事信託を事業承継において利用しようとする試みもありますが、法的なリスクが高すぎるということもいわれています。

私見ではありますが、事業承継において、属人的株式と民事信託を利用できる場面は、それほど多くはない思われます。

CHALLENGE!

このように、属人的株式、民事信託を事業承継で利用することは難しいように思われます。それでは、種類株式を利用することで、後継者のみに議決権を与える手法に問題はないでしょうか。考えてみましょう。

第**25**章 株式会社との違いは何だろう？
～持分会社～

そういえば、この前の案件は、株式会社ではなく、合同会社の案件だったよね。100億円も払い込んでもらったのに、資本金を1億円にして、残りを資本剰余金にしたから、登録免許税が70万円しかかからなかったんだ。株式会社にすると、資本金が50億円になるのを考えると、すごいことだよね。

登録免許税は、増加資本金の額に対して課されるから、そういうメリットもあるんだね。サトウ先生に聞いたんだけど、米国法人の子会社は合同会社にすることが多いみたい。米国の税法では、チェック・ザ・ボックスって制度があって、子会社じゃなくて、支店みたいな扱いにできるんだって。

どうやら、株式会社と合同会社には、税務上の取扱いにも違いがあるみたいだね。
会社法上は、剰余金の配当を自由に定めることができるから、ベンチャー企業や研究開発の会社に向いているといわれているみたいなんだよ。

3人とも、持分会社に興味を持ち始めたみたいですね。会社法には、株式会社のほか、合名会社、合資会社および合同会社が規定されており、これら3社をまとめて持分会社と表記されています。
新たに合名会社または合資会社を設立する会社や、株式会社から合名会社または合資会社に組織変更をする会社はほとんどありませんが、合同会社を設立したり、株式会社から合同会社に組織変更をする事案はあるようです。
株式会社と持分会社には大きな違いがあります。本章では、株主対策の観点から、株式会社と持分会社の違いを解説していきます。

1　概　要

　会社法上、持分会社として、**合名会社**、**合資会社**および**合同会社**の3つの形態が認められています。その具体的な内容は、以下のとおりです。

- ●合名会社：無限責任社員のみである持分会社
- ●合資会社：無限責任社員と有限責任社員の両方がいる持分会社
- ●合同会社：有限責任社員のみである持分会社

　このように、本来であれば、持分会社には3つの形態がありますが、株式会社と比較しながらのほうが理解しやすいため、本章では、合同会社についてのみ解説します。

　持分会社の場合には、「株主」を「社員」、「株式」を「持分」っていうんだね。

2　社員総会における議決権

　合同会社の社員は、定款に別段の定めがある場合を除き、当該合同会社の業務を執行することが原則ですが（会法590①）、社員が2人以上である場合には、定款に別段の定めがある場合を除き、社員の過半数をもって合同会社の業務を決定します（会法590②）。

　さらに、定款の定めにより、**業務執行社員**を選任することが認められています（会法591①）。

　なお、このような定款の定めは、**総社員の同意**によって行われます（会法637）。

　総社員の同意が必要になるから、反対株主の株式買取請求（第4章参照）はいらないんだね。

3 剰余金の配当を受ける権利

　合同会社において、損益分配の割合につき**定款の定めがない**場合には、その割合は、**各社員の出資の価額**に応じて定めるものとされています（会法622①）。そのため、**定款の定めがあれば、特定の社員に対して他の社員よりも多額の利益を配当する**こともできます。

サトウ
先生

厳密にいうと、「損益の分配（会法622）」と「利益の配当（会法621）」は異なります。損益の分配とは、合同会社において生じた損益をそれぞれの社員に帰属させることをいい、利益の配当とは、社員に帰属した利益を配当することをいいます。

そのため、会社の意思決定により配当をするのではなく、社員からの請求により利益を配当するという仕組みになっています。

4 持分の譲渡

　合同会社の社員が持分を譲渡するためには、**他の社員の全員の承諾**が必要になります（会法585①）。ただし、業務を執行しない有限責任社員は、**業務を執行する社員の全員の承諾**があるときは、その持分を譲渡することができます（会法585②）。なお、これらの取扱いについては、定款の定めにより変更することができます（会法585③）。

　なお、株式会社（第14章参照）と異なり、**自己株式の取得**が認められていません（会法587①）。そのため、後述する出資の払戻しにより対応することになります。

5 持分の相続

　株式会社と異なり、合同会社の社員が死亡した場合には、原則として、当該社員は**退社**[*1]し（会法607①三）、財産的価値としての**払戻請求権**が相続されることになります。そのため、第20章で解説した「相続人に対する株式の売渡請求」に相当する制度はありません。

　ただし、持分を相続することを**定款**に定めることができます（会法608①）。

*1　社員でなくなることを「退社」といいます。

6 退社事由

会社法607条1項では、法定退社事由として、以下のものを掲げています。

① 定款で定めた事由の発生

② 総社員の同意

③ 死亡

④ 合併*2

⑤ 破産手続開始の決定

⑥ 解散

⑦ 後見開始の審判を受けたこと

⑧ 除名

＊2　合併により当該法人である社員が消滅する場合に限ります。

＊3　ある社員の終身の間、合同会社が存続することを定款で定めた場合も含みます。

＊4　定款で別段の定めをすることが認められています（会法606②）。

このほか、任意退社事由として、**合同会社の存続期間を定款で定めなかった場合***3には、**事業年度の終了の時**において退社をすることが認められています（会法606①）*4。ただし、6か月前までに**退社の予告**をする必要があります。そのほか、やむを得ない事由があるときは、いつでも退社することが認められています（会法606③）。

マヤ

持分の譲渡を厳しくする代わりに、退社をすることを容易にしたんだね。

7 持分と資本の関係

(1)資本金の額の計算

合同会社の社員資本には、株式会社の株主資本（第5章参照）と異なり、資本準備金および利益準備金という概念がありません（計規76③）。そのため、以下のように整理されています。

会社法と会計の融合

		企業会計	
		資　本	利　益
会社法	資本金	資本金	
	剰余金	資本剰余金	利益剰余金

(2) 増 資

①　会社法上の手続き

　合同会社が、株式会社における募集株式の発行等（第11章）に類似した効果をもたらすためには、①**既存の社員が追加で出資する方法**、②**新たな社員が出資する方法**の2つがあります。このうち、後者による方法を**入社**といいます。

　いずれの方法であっても、**定款の変更**が必要になるため、原則として、総社員の同意が必要になります（会法576①六、604）。

②　会計上の取扱い

　株式会社が増資を行った場合（第5章）には、株式会社に対して払込みをした金銭の額または給付をした財産の額のうち**2分の1以上の金額を資本金の額とする必要があります**（会法445①②）。

　これに対し、合同会社が増資を行った場合には、そのような規定はありません（計規30①）。そのため、**資本金の額を1円とし、払い込まれた金銭の額のうちほとんどを資本剰余金として処理することもできます**（計規31①）。

(3)減 資

　合同会社は、**損失のてん補**のために、資本金の額を減少することが認められています（会法620①）。そのほか、**出資の払戻し**による資本金の額の減少（会法624①）*5、**退社に伴う持分の払戻し**による資本金の額の減少（会法611）も認められています。なお、合同会社が資本金の額を減少し、資本剰余金に振り替えることは認められていません（計規30②四、31①三）*6。

*5　自己株式の取得に近い効果が生じます。税務上も、自己株式の取得と同様の取扱いになります（法令23①六、所令61②六）。

*6　合名会社および合資会社が資本金の額を減少し、資本剰余金に振り替えることは認められています。

サトウ
先生

合同会社は株式会社と異なり、それぞれの社員ごとに資本金の額、資本剰余金の額および利益剰余金の額が管理されているということがいえます。例えば、退社に伴う持分の払戻しにおいては、退社する社員の出資につき資本金の額に計上されていた額（計規30②一）、退社する社員の出資につき資本剰余金の額に計上されていた額（計規31②一）、財産の帳簿価額から持分の払戻しを受けた社員の出資につき資本金および資本剰余金の額に計上されていた額の合計額を減じて得た額（計規32②二）を、それぞれ資本金の額、資本剰余金の額および利益剰余金の額から減少させることとしています。

合同会社は、株式会社と異なり、持分と資本が分離されていないといえるのかもしれません。

8 おわりに

本章では、持分会社について解説しました。本章では、株主対策についての説明に留めましたが、それ以外にも、株式会社と持分会社の取扱いが大きく異なります。

株式会社と同じように持分会社を考えてしまうと、会社法または租税法上のミスに繋がりかねないため、注意しましょう。

CHALLENGE!

事業承継の対象となる会社が債務超過である場合において、オーナーが無限責任社員である合名会社または合資会社であるときは、株式会社または合同会社に比べて、相続税が安くなることがあります。それはなぜでしょうか。考えてみましょう。

第1章

　株主総会決議のほとんどは普通決議であるため、定款に別段の定めがある場合を除き、議決権を行使することができる株主の議決権の過半数を有する株主が出席し、出席した当該株主の議決権の過半数をもって行うことになります（会法309①）。上場会社であれば、株主総会にすべての株主が出席するわけではないため、総議決権の40％を確保しておけば、株主総会決議を支配することができるという考え方もあるのかもしれません。

　そういった出席しない株主の存在を無視するのであれば、総議決権の過半数を確保しておく必要があるという考え方もあるでしょう。

　これに対し、株主総会決議には、普通決議のほかに、特別決議と特殊決議があります。このうち、特殊決議とは、定款に別段の定めがある場合を除き、①議決権を行使することができる株主の50％以上、かつ、当該株主の議決権の3分の2以上による決議（会法309③）、または②総株主の50％以上、かつ、総株主の議決権の4分の3以上による決議をいいますが（会法309④）、そもそも特殊決議を行わなければならない事案はそれほど多くはありません。

　そうなると、実務上、①普通決議だけを支配できればよい場合と②普通決議だけでなく特別決議を支配する必要がある場合の2つが考えられます。そして、特別決議とは、定款に別段の定めがある場合を除き、議決権を行使することができる株主の議決権の過半数を有する株主が出席し、出席した当該株主の議決権の3分の2以上による決議をいいます（会法309②）。そのため、②普通決議だけでなく特別決議を支配する必要がある場合には、総議決権の3分の2以上を確保しておく必要があります。

　組織再編成や資本等取引においては、株主総会の特別決議が必要になることが多いため、総議決権の3分の2以上を取得してから株主総会を行うことが少なくありません。

第2章

　会社法219条1項では、合併、株式交換または株式移転を行う場合には株券提供手続きが必要である旨が規定されていますが、「ただし、当該株式の全部について株券を発行していない場合は、この限りでない。」とも規定されています。

　そのため、株式の全部について株券を発行していない場合には、株券提供手続きは不要であると解されます。

　ただし、「ある時点では全株式につき株券が発行されていなくとも、その後株券発行請求

があれば会社は株券発行義務が生ずるため、効力発生日まで全株式につき株券不発行が継続する保証はない。したがって、実務上は、株券不発行会社以外については、公告並びに通知をするのが無難と考える。ただし、株主への案内としては、現在株券は発行されていないが、今後申出により株券発行を受けた場合は、株券提出期間内に株券提出が必要である旨を併せて案内すれば違和感がないであろう。(牧野達也「第219条」江頭憲治郎・中村直人編『論点体系 会社法2 株式会社Ⅱ』190頁(第一法規、平成24年))」という見解もあるため、注意しましょう。

第3章

　株式評価を行っている専門家の方々と議論すると、1対1の折衷割合に違和感があることから、他の手法により折衷割合を算定している事案があります。例えば、譲渡の対象となる株式が発行済株式総数に占める割合を根拠として折衷割合を算定する手法が挙げられます。具体的には、少数株主が3％の株式を保有している場合には、支配権プレミアムを手に入れるためには、47％以上の株式を取得する必要があります。そのため、支配株主にとっての株式価値と少数株主にとっての株式価値を3：47で折衷するという手法が用いられることがあります。

　そのほか、算術平均ではなく、幾何平均を用いるという考え方もあります。

【幾何平均】

$$m_g = \sqrt[n]{X_1 X_2 X_3 \cdots X_n}$$

　この考え方は、支配株主にとっての株式価値が1,000円であり、少数株主にとっての株式価値を10円であるとした場合に、支配株主が10％妥協する代わりに、少数株主に10％妥協させ、少数株主も10％妥協する代わりに、支配株主に10％妥協させるという交渉ゲームが繰り返されると考える手法です。そのため、支配株主にとっての株式価値が1,000円であり、少数株主にとっての株式価値が10円である場合には、100円（＝√1,000円×√10円）が売買価格となります。

第4章

　財産評価基本通達により評価した株式価値は、租税法上の問題が生じないことのみを目的としており、会社法上の論点を何ら検討していないことから、公正な価格の算定においてそのまま使用することはできません。

　さらに、合併の当事会社が合併比率を決定する際に、それぞれの当事会社の株式価値を同一の手法により算定しているのであれば、両当事会社の株式価値のいずれも割高または

割安である場合が考えられるため、合併比率が公正であると認められたとしても、株式価値が公正であると認められない場合もあり得ます。

そのため、合併比率に用いられた株式価値をそのままナカリセバ価格とするのではなく、合併比率を決定する際の評価方法とは異なる評価方法によりナカリセバ価格を算定する必要があります。なお、道東セイコーフレッシュフーズ事件（最一小決平成27年3月26日民集69巻2号365頁）でも、合併の当事会社が合併比率を決定する際には、財産評価基本通達に定める類似業種比準方式により各当事会社の株式価値を算定しているものの、裁判所が公正な価格を決定する際には、収益還元法により株式価値を算定しています。

第5章

共通支配下の取引等に該当する分社型分割を行った場合には、資産および負債を簿価で引き継ぎます。そして、合併と異なり、分社型分割を行った場合には、分割法人の株主資本の額が増減するわけではないため、分割法人の利益準備金やその他利益剰余金を分割承継法人に引き継ぐという考え方はありません。そのため、増加した株主資本の額を資本金の額、資本準備金およびその他資本剰余金に任意に配分します（計規37②、49②）。

これに対し、分割事業が債務超過である場合には、その他利益剰余金のマイナスとして処理します。この場合には、分割法人において、分割前に保有している分割承継法人株式の帳簿価額を充て、これを超えることとなったマイナスの金額を「組織再編により生じた株式の特別勘定」等、適切な科目をもって負債に計上します（結合指針226、計規12）。

共通支配下の取引等に該当する分社型分割を行った場合において、移転資産の帳簿価額が3,000百万円、移転負債の帳簿価額が4,000百万円、分割承継法人株式の帳簿価額が200百万円であるときの仕訳は、以下のとおりです。

【分社型分割の仕訳（債務超過の場合）】
  （1）分割法人

（負 債）	4,000百万円	（資 産）	3,000百万円
		（分割承継法人株式）	200百万円
		（特 別 勘 定）	800百万円

  （2）分割承継法人

（資 産）	3,000百万円	（負 債）	4,000百万円
		（その他利益剰余金）	△1,000百万円

第6章

会社法166条7号において、単元未満株主による株式買取請求権を行使された場合には、分配可能額の規制が適用されないことが明らかにされています。

そのため、分配可能額が足りない場合にも、単元未満株式を買い取る必要があります。

第7章

発行法人においても、1株に満たない端数が生じたことにより、当該端数に相当する株式を買い取った場合を除き、法人税、住民税および事業税への影響はありません。

なお、発行法人が1株に満たない端数を買い取った場合には、買い取った対価の額に相当する金額が資本金等の額の減算項目として処理されます（法令8①二十一）。

第8章

国税庁HPの「財産評価関係　個別通達」において、「令和〇〇年分の類似業種比準価額計算上の業種目及び業種目別株価等について（法令解釈通達)」として開示されているため、ここで開示された金額をそのまま使用します。

第9章

同族会社等の留保金課税の適用を受ける場合には、繰越欠損金を損金の額に算入する前の所得を基礎に留保金額の計算を行うことから（法法67③六）、十分な繰越欠損金があったとしても、留保金課税の対象になります。

そして、同族会社等の留保金課税の適用を受ける場合には、受取配当等の益金不算入を適用する前の所得を基礎に留保金額の計算を行うことから（法法67③二）、受取配当金が留保金課税の対象になります。

なお、資本金が1億円以下の中小法人に対しては、大法人の子会社であるような特殊なケースを除き、上記の点は問題になりません。そのため、実務上、同族会社等の留保金課税の適用を受ける法人が少ないことから、見落としがちな論点ですので、注意しましょう。

第10章

令和2年9月30日に公表された「『所得税基本通達の制定について』の一部改正について（法令解釈通達）の趣旨説明（資産課税課情報第22号)」5-7頁では、評価会社の子会社を小会社とみなし、かつ、当該子会社が保有する土地等及び有価証券を時価で評価すべきことが明らかにされました。

第11章

　租税法上の中小企業の判定では、事業年度末において資本金の額が1億円を超えているかどうかで判定することがほとんどです（法法66②など）。

　そのため、事業年度末までに無償減資を行うことにより、中小企業の特例を受けることができるようにすることが一般的です。

第12章

　会計上の資本金の額を1,000万円、資本準備金の額を0円に減少させ、資本金および資本準備金の合計額と税務上の資本金等の額を一致させることにより、住民税均等割の課税標準を1,000万円まで減少させることができます。

第13章

　みなし配当については、期間按分の考え方がないため、株式を取得してから1年以内にみなし配当が発生したとしても、源泉所得税の全額に対して、所得税額控除を適用することができます（法令140の2①二）。

第14章

　国税庁文書回答事例「株式交換に反対する個人株主の株式が買取請求に基づき買い取られた場合の課税関係」では、株式交換完全子法人株式の買取価格が、反対株主と株式交換完全子法人との間の協議により決定した場合は、当該協議が調った日、裁判所により決定した場合は、当該決定日を収入すべき時期として差し支えない旨の回答がなされています。

　そのため、協議が調った日または裁判所により決定した日を基準日として、みなし配当に係る源泉所得税を徴収することになると思われます。

第15章

　1株に満たない端数に対して金銭が交付されたとしても、それ以外の株主においてみなし配当および株式譲渡損益を認識する必要はありません（法基通2-3-1、所基通57の4-2）。

　ただし、1株に満たない端数に対して金銭の交付を受けた株主については、みなし配当を認識する必要はないものの（法令23③九、所令61①九）、1株に満たない端数に対する株式譲渡損益を認識する必要があります。

第16章

　事業年度末までに、資本準備金の取崩しを行うことにより、会計上の資本金および資本準備金の合計額が税務上の資本金等の額を上回らないようにすることで、住民税均等割の対策をすることができます。

　しかしながら、株式交換により税務上の資本金等の額が増加することから、株式交換前に比べて、住民税均等割が増えてしまうことがあります。さらに、資本準備金の取崩しのためにコストがかかることから、住民税均等割の対策をするまでもないこともあります。

　実務上、資本準備金の取崩しを行う場合には、住民税均等割の節税効果と資本準備金の取崩しにより生じるコストを比較しながら検討を行う必要があります。

第17章

　スクイーズアウトに先立って、資産管理会社と事業会社の合併を行えば、スクイーズアウトの直前に資産管理会社に従業者および事業が存在することから、従業者従事要件および事業継続要件を満たすことができます。

第18章

　株式移転前に株式移転完全子法人とその株主との間に当該株主による完全支配関係がある場合において、計算期間の中途において株式移転を行ったときは、当該計算期間の初日から株式移転の日まで継続して当該完全支配関係があり、かつ、同日から当該計算期間の末日まで継続して、株主、株式移転完全親法人および株式移転完全子法人との間に、当該株主による完全支配関係が継続すれば、完全子法人株式等に該当させることができるという特例が認められています（法令22の2①括弧書）。

　しかしながら、株式移転前に株式移転完全子法人とその株主との間に当該株主による完全支配関係がない場合には、そのような特例が認められていないため、1年以上経過してから配当することにより完全子法人株式等に該当させるか、半年以上経過してから配当することにより関連法人株式等に該当させる必要があります。

　これに対し、株式移転完全親法人が取得した株式移転完全子法人株式については、当該株式移転後の初回配当の計算の基礎となった期間の開始の日から当該設立の日の前日までその元本のすべてを所有していたものとみなして、所得税額控除の計算をすることができるため、源泉徴収された所得税の全額に対して所得税額控除を適用することができます（法令140の2②）。

第19章

すでに子会社である法人の株式を追加取得するために、株式交付の制度を利用することはできません（岩崎友彦・西村修一・濱口耕輔『令和元年改正会社法ポイント解説Q&A』位置No.2645-2650（Kindle）（日本経済新聞出版社、令和2年）参照）。

もっとも、会社法施行規則3条3項2号に掲げる子会社である場合において、同項1号に掲げる子会社にしようとするときは、株式交付の制度を利用することができます（同No.2656-2658）。

第20章

相続人に対して非上場株式の相続により相続税が課された場合において、相続の対象となった非上場株式を相続税の申告期限から3年以内に自己株式として買い取らせた場合には、①配当所得ではなく、譲渡所得として取り扱うだけでなく（措法9の7）、②当該買い取らせた株式に対する相続税を取得費に加算することができます（措法39）。

第21章

500株を1株にする株式併合を行えば、500株未満しか保有していない株主から強制的に株式を買い取ることができます。

議決権だけを排除したいのであれば、第6章で解説した単元株の制度を利用することもできますが、実務上は、株主の数を減らしたいという相談もあるため、覚えておきましょう。

第22章

国税庁HP質疑応答事例「被買収会社の従業員に付与されたストックオプションを買収会社が買い取る場合の課税関係」において、譲渡制限が解除された日において、給与所得等として課税されることが明らかにされています。

第23章

分割型分割後に、A社が保有する分割法人株式を自己株式として買い取らせ、B社が保有する分割承継法人株式を自己株式として買い取らせれば、株式譲渡損益ではなく、みなし配当として処理でします。

さらに、分割前に分割法人に対する支配関係があったのは、A社であることから、A社による分割承継法人に対する支配関係が継続していれば、適格分割型分割に該当します。

すなわち、A社が保有する分割法人株式を自己株式として買い取らせても、分割承継法人に対する支配関係は継続しているため、税制適格要件を満たすことができます。

第24章

　種類株式を利用した手法は、後継者に対して役員選任権付株式や黄金株を交付する手法と、それ以外の相続人に対して無議決権株式を交付する手法が考えられます。この場合における相続税評価額の計算については、国税庁「種類株式の評価について」（平成19年3月）が公表されています。

　しかしながら、あくまでも租税法の解釈であるため、民法上の遺留分の計算においては、国税庁「種類株式の評価について」（平成19年3月）を参考にすることができません。

　すなわち、後継者以外の相続人からすれば、議決権を行使することができないため、後継者が取得した株式は支配株主にとっての株式価値で評価し、後継者以外の相続人が取得した株式は少数株主にとっての株式価値で評価すべきであるという主張がなされる可能性があります。

第25章

　合名会社、合資会社の無限責任社員は、株式会社の株主と異なり、債務超過会社の負債に対する責任を負っていることから、これらの無限責任社員が負担すべき持分に対応する債務超過額について、債務控除が認められています（国税庁HP質疑応答事例「合名会社等の無限責任社員の会社債務についての債務控除の適用」参照）。

　そのため、合名会社、合資会社が債務超過である場合には、当該債務超過額に相当する金額だけ、相続税の課税標準が小さくなります。

■著者紹介————————————————————————————

佐藤 信祐（さとう・しんすけ）

　　公認会計士・税理士・博士（法学）
　　平成11年　朝日監査法人（現有限責任あずさ監査法人）入社
　　平成13年　勝島敏明税理士事務所（現デロイトトーマツ税理士法人）入所
　　平成17年　公認会計士・税理士佐藤信祐事務所を開業、現在に至る。
　　平成29年　慶應義塾大学大学院法学研究科後期博士課程修了（博士（法学））

サクサクわかる！ 株主対策の税務

2021年6月10日　発行

著　者　　佐藤　信祐 ⓒ

発行者　　小泉　定裕

発行所　　株式会社 清文社

東京都千代田区内神田1－6－6（MIF ビル）
〒101-0047　電話03（6273）7946　FAX 03（3518）0299
大阪市北区天神橋2丁目北2－6（大和南森町ビル）
〒530-0041　電話06（6135）4050　FAX 06（6135）4059
URL https://www.skattsei.co.jp/

印刷：大村印刷㈱

■著作権法により無断複写複製は禁止されています。落丁本・乱丁本はお取り替えします。

■本書の内容に関するお問い合わせは編集部までFAX（03-3518-8864）でお願いします。

■本書の追録情報等は、当社ホームページ（https://www.skattsei.co.jp/）をご覧ください。

ISBN978-4-433-71121-4